MW01468799

RECEITAS

MOLHOS 7
- MOLHO BARBECUE 7
- MOLHO DE HORTELÃ 7
- MOLHO DE TOMATE AO SUCO 7
- MOLHO TÁRTARO FRIO 7

RECEITAS SALGADAS 7
- ARROZ A GREGA 7
- ARROZ BRANCO 9
- ARROZ DE BACALHAU 10
- ARROZ DE CARNE SECA 12
- BERINJELA À MODA ITALIANA 14
- BERINJELA PICANTE 16
- BERINJELA RECHEADA 18
- BIFE ACEBOLADO 20
- BOBÓ DE FRANGO 21
- BOLO DE CHUCHU 22
- COSTELA AMERICANA COM MOLHO BARBECUE 23
- CUSCUZ DE CARNE SECA 25
- DESFEITO 27
- EMPADA DE MILHO 28
- EMPADÃO DE LEGUMES 28
- EMPANADAS CHILENAS 31
- ESFIHA 32

ESPAGUETE A PUTANESCA 34

FEIJAO CASEIRINHO 35

FRANGO AO MOLHO CAMPEIRO 37

FRANGO EM CUBOS A PARMEGIANA 37

FRANGO NA LATA 39

FRANGO NO LIMÃO 40

MASSA PARA PIZZA 42

MASSA PODRE BÁSICA (para uso em empadas ou tortas) 43

MOUSSE DE ATUM 44

PANQUECAS 45

PÃO DE QUEIJO 46

PIMENTA SÍRIA 47

PIZZA ENROLADA 48

PURÊ DE BATATA DOCE 49

QUICHE DE ALHO PORÓ E CALABREZA 49

RABADA 51

ROCAMBOLE DE CARNE MOÍDA 52

SALADA DE REPOLHO 53

SALPICÃO DE FRANGO 54

SALPICÃO DE FRANGO DEFUMADO 55

SANDUICHE NATURAL 56

SARDELA 57

SARDINHA ESCABECHE 58

SIRI DE TABULEIRO 59

TABULE 62

- TORTA DE CEBOLA..63
- TORTA DE ESCAROLA...64
- TORTA PARA LANCHE 66
- TORTA SALGADA 67

DOCES..69
- AMOR EM PEDAÇOS..69
- BEIJINHOS DE ABACAXI 69
- BIRIBINHA..70
- BOLO CHAPA QUENTE...70
- BOLO DE CENOURA 71
- BOLO DE CHOCOLATE E MAÇA...72
- BOLO DE CHOCOLATE COM MOUSSE....................................73
- BOLO DE FUBÁ..75
- BOLO DE LARANJA DE SÃO JOSÉ 75
- BOLO DE MANDIOCA...76
- BOLO DE MEL (Ano novo judaico) 77
- BOLO DE NOZES CREME DE CAFÉ E CANELA 78
- BOLO 5, 10, 15...78
- BOLO FORMIGUEIRO ESPECIAL..79
- BOLO MARTHA ROCHA...81
- BOLO MESCLADO 83
- BOLO NUTELLA (CREME DE AVELA).......................................84
- BOLO PRESTÍGIO..85
- BOLO PUDIM 86
- BRIGADEIRO RECHEADO 87

BRIGADEIRÃO 87

CAJUZINHOS DE AMENDOIM 88

CAMAFEU DE NOZES 88

CANJICA 89

CARACÓIS HÚNGAROS 90

CHARLOTE DE CHOCOLATE COM CAJÁ 91

CHOCOLATE CAKE 93

COCADINHA AO FORNO 94

COOKIES 94

DOCE DE BANANA 95

EMPADA DE COCO 95

MANJAR BRANCO COM CALDA DE VINHO TINTO 96

MARSHMELLOW 96

MELAÇADA 97

MOUSSE DE LIMÃO 97

MOUSSE DE MARACUJÁ 97

PÃEZINHOS DE MAÇA 98

PÃO DE BISPO 98

PÃO DE MEL 99

PAVÊ DIFERENTE 100

PUDIM CURAU 101

PUDIM DE LEITE CONDENSADO 101

PUDIM DE LEITE DE COCO 102

PUDIM DE MARIA-MOLE 102

QUEIJADINHAS DE LIMÃO 102

QUINDÃO 103
RABANADA 103
ROCAMBOLE 104
ROSCA FOFINHA (TRANÇA) 104
SOPA INGLESA 105
SORVETE DELÍCIA 106
SPUMONI 107
TORTA DE BANANA 108
TORTA DE CASTANHA DO PARÁ 109
TORTA DE CHOCOLATE 110
TORTA DE LIMÃO 111
TORTA DE NOZES 112
TORTA VIENENSE 113
ZEPPOLE DE SAN GIUSEPPE 113
DRINKS 114
BATIDA DE COCO 114
BATIDA DE LIMÃO COM LEITE CONDENSADO 115
CAIPIRINHA DE ABACAXI 116
CAIPIRINHA DE LIMÃO 117
CAIPIRINHA DE LIMÃO COM MARACUJA 118
CAIPIRINHA DE MARACUJA 119
CAIPIRINHA DE MORANGO 120
CAIPIRINHA DE KIWI 121
COSMOPOLITAN 122
CUBA LIBRE 122

DRY MARTINI 123

ESPANHOLA 123

LICOR DE CHOCOLATE 124

MARGARITA 125

MOSCOW MULE 126

NEGRONI 127

SANGRIA 127

SEX ON THE BEACH 128

MOLHOS

MOLHO BARBECUE

Ingredientes:

- 100gr de açúcar mascavo
- 4 colheres (sopa) de mostarda
- 4 dentes de alho amassados
- 100ml de molho inglês
- 200ml de ketchup
- 100ml de molho de tomate.

Modo de Preparo:

Coloque em uma panela o açúcar até começar a caramelizar. Misture o resto dos Ingredientes e deixe até levantar fervura, sempre mexendo. Desligue o fogo.

MOLHO DE HORTELÃ

Ingredientes:

- 1 cebola ralada
- 1 pitada de sal
- 1 colher (sopa) de azeite
- 250ml de vinho branco
- Pimenta malagueta a gosto
- 1 maço de hortelã

Modo de Preparo:

Pique bem miudinho a hortelã. Leve uma panela pequena ao fogo com azeite. Junte a cebola, a pimenta e a hortelã.

Deixe refogar por 2 minutos. Acrescente o vinho e o sal.

Diminua o fogo e deixe reduzir um pouco.

Acompanha bem carneiro e cabrito

MOLHO DE TOMATE AO SUCO

Ingredientes:

- 4k de tomates
- 1 cenoura
- 4 colheres de azeite
- 1 cebola
- 1 colher (sopa) de açúcar
- 1 copo de vinho tinto (250ml)
- 2 talos de salsão com as folhas
- 3 dentes de alho
- 2 folhas de louro
- Manjericão a gosto
- Sal a gosto
- Orégano a gosto
- Pimenta do reino a gosto

Modo de Preparo:

Aqueça o azeite, acrescente a cenoura, cebola e refogue. Acrescentar os tomates picados com pele e sem sementes, orégano, louro, salsão, alho. Acrescente o sal, manjericão, açúcar, pimenta e o vinho.

Deixar cozinhar por 2 horas.

Passar pela peneira e levar ao fogo para apurar mais ou menos mais 2 horas.

MOLHO TÁRTARO FRIO

Ingredientes:

- 2/3 xícaras (chá) de maionese
- ½ colher (chá) de cebola ralada
- 1 colher (chá) salsinha picada
- 1 colher (sopa) de picles picados
- 1 colher (sopa) de azeitonas picadas.

Modo de Preparo:

Misture todos os Ingredientes e sirva com qualquer peixe.

RECEITAS SALGADAS

ARROZ A GREGA

Ingredientes:

- 3 xicaras de arroz
- 6 xicaras de água (dobro do arroz)
- 1 colher de sopa de óleo
- 1 colher de manteiga
- Cebola picada a gosto
- Ervilha a gosto
- Cenoura a gosto
- Cebolinha a gosto
- Salsa a gosto
- Uva passa a gosto
- Sal a gosto
- Pimentões a gosto

Modo de Preparo:

Ferva em uma panela a água com o sal e um fio de óleo.

Assim que começar a ferver acrescente o arroz já lavado e mexa bem.

Diminua o fogo. Assim que a água secar, tire o arroz do fogo e reserve.

Em uma panela, coloque a manteiga e frite a ervilha e as passas.

Em uma tigela funda, despeje as ervilhas com as passas, acrescente a cenoura, pimentão, cebola, salsa e cebolinha. Misture tudo e acrescente o arroz aos poucos misturando levemente.

Caso precise aumentar a quantidade, basta dobrar os ingredientes.

ARROZ BRANCO

Ingredientes:

- 1 xicara de arroz
  1 colher de sopa de óleo
- ½ cebola picada
- 1 dente de alho picado
- 1 colher de chá de sal
- 2 xicaras de água

Modo de Preparo:

Em uma panela coloque o óleo e refogue o alho e a cebola.

Assim que o alho estiver dourado coloque o arroz e o sal. Mexa até sentir o arroz soltar (mais ou menos 1 minuto). Acrescente a água.

Deixe a panela semitampada e cozinhe até a água secar. Para verificar se a água secou espete um garfo no meio da panela separando o arroz e olhando o fundo.

Tampe a panela e aguarde 5 minutos para servir.

Caso precise aumentar a quantidade, basta dobrar os ingredientes.

ARROZ DE BACALHAU

Ingredientes:

- 2 cebolas cortadas em tiras
- ½ xícara (chá) de azeite
- 2 dentes de alhos amassados
- 3 tomates picados sem sementes
- 300gr de palmito picado
- 1 lata de ervilhas
- 1 lata de milho verde
- 500gr de bacalhau dessalgado, cozido e em lascas
- 4 xícaras (chá) de arroz cozido quente
- 150g de azeitonas pretas sem caroço picadas (reserve algumas para enfeitar)
- 1 xícara (chá) de salsinha picada
- azeite para untar
- queijo ralado para polvilhar
- 2 ovos cozidos cortados em 4 partes
- salsinha picada para polvilhar

Modo de Preparo:

Numa panela em fogo médio aqueça o azeite e refogue as cebolas cortadas em tiras e os dentes de alho amassados por 5 minutos ou até o alho dourar. Junte os tomates picados com pele e sem sementes, o vidro de palmito picado, a lata de ervilha, a lata de milho verde, e o bacalhau, cozinhe por 5 minutos, mexendo vez em quando. Acrescente na mistura o arroz cozido, as azeitonas pretas sem caroço e a salsinha picada. Misture muito bem e transfira para um refratário untado com bastante azeite. Polvilhe queijo ralado, decore com os olhos cozido, polvilhe salsinha. Leve ao forno por 5 minutos, apenas para derreter o queijo ralado.

ARROZ DE CARNE SECA

Ingredientes:

- 1.200gr de carne seca
- 1K de arroz parabolizado
- 2 abóboras paulistinha
- 500gr de pimenta Cambuci
- ½ pimentão verde
- ½ pimentão vermelho
- 500gr quiabo
- 2 tabletes de caldo de carne, de costela ou de carne seca
- 2 cebolas picadas miudinho
- 2 tomates picados sem sementes
- ½ cabeça de alho triturado
- cúrcuma (açafrão) á gosto
- salsinha á gosto
- 1 pacote de ervilha congelada
- ½ maço de coentro

Modo de Preparo:

Deixar de molho por 24 horas a carne seca. Picar em cubinhos pequenos. Dar 2 ou 3 fervuras na carne.

Fritar a carne com azeite. Deixar de lado.

Em uma panela grande fritar a cebola, o alho, acrescentar o tomate, pimentão (tudo picado bem miudinho). Juntar a carne seca e refogar. Juntar a salsa picada, e um pouco de coentro, caldo de carne. Juntar o Cambuci, a ervilha, a abóbora, o arroz, refogue bem, acrescentar água fervendo e por cima colocar os quiabos inteiros e o resto do coentro. Tampar a panela e deixar cozinhar.

Sugestão de sabor. Queimar um pouco de açúcar na panela onde for fritar a carne.

BERINJELA À MODA ITALIANA

Ingredientes:

- 4 berinjelas grandes
- ½ xícara (chá) de azeite
- 10 dentes de alho
- 8 tomates picados sem sementes
- ½ xícara (chá) de azeitonas verdes picadas
- 1 pimenta dedo-de-moça picada
- 1 maço de manjericão
- 200ml de molho de tomate
- Temperos a gosto

Modo de Preparo:

Lave e corte as berinjelas em rodelas bem grossas (aproximadamente 3 a 4 dedos de espessura)

Cozinhe em água, vinagre e sal.

Após cozinha-las al dente, coloque em um refratário com um pouco de azeite no fundo

Aperte o centro das berinjelas com auxílio de uma colher.

Para o recheio, em uma frigideira, aqueça o azeite e frite o alho junte os tomates picados, azeitonas, pimenta e temperos a gosto (orégano e sal).

Empregue o recheio nas beringelas e regue com o molho de tomate. Polvilhe com queijo ralado. Leve ao forno para gratinar.

BERINJELA PICANTE

Ingredientes:

- 6 berinjelas médias sem casca, fatiadas e cortadas em palitos finos
- Sal para polvilhar.

Molho picante

- 1 xícara (chá) de azeite
- 6 dentes de alho fatiados
- 2 cebolas cortadas em tirinhas finas
- 3 colheres (sopa) de passas pretas picadas
- ½ xícara (chá) de vinagre branco
- 4 pimentas dedo-de-moça cortadas em rodelas finas (sem as sementes)
- 2 colheres (sopa) de orégano
- 2 colheres (sopa) de alcaparras
- ½ xícara (chá) de azeitonas verdes picadas
- ½ xícara (chá) de cheiro verde picado
- 1 xícara (chá) de óleo
- sal a gosto.

Modo de Preparo:

Cortar as berinjelas, colocar num escorredor e vá salpicando bastante sal por cima de cada camada e deixe por 20min. Escorra todo o líquido, passe por água corrente e esprema o mais que puder.

Molho - aqueça o azeite e doure as fatias de alho. Junte as cebolas, as passas, o vinagre e deixe em fogo alto por mais ou menos 5 min. Em seguida, acrescente os demais Ingredientes: cheiro verde, pimenta dedo-de-moça, orégano, alcaparras, azeitonas e o óleo. Tempere a gosto e deixe em fogo baixo por mais 5min. Por último acrescente as berinjelas espremidas. Desligue o fogo e misture tudo muito bem. Quando frio, coloque em vidros, tomando o cuidado de cobrir o antepasto com óleo ou azeite, sirva depois de 2 dias.

BERINJELA RECHEADA

Ingredientes:

- 5 berinjelas médias
- salsa picada
- 1 dente de alho
- 200gr. de carne moída refogada
- miolo de 2 pães amolecidos no leite e espremidos
- 50gr. de queijo ralado
- 1 ovo
- 200gr de azeitonas pretas sem caroço e picadas
- sal (a gosto)
- azeite (a gosto)

Modo de Preparo:

Lave as berinjelas, corte ao meio no sentido de comprido. Esvazie com uma colher deixando na casca uma espessura de 1cm. Mergulhe na água fervendo e levemente salgada as cascas das berinjelas, deixe alguns minutos. Escorra, passe na água fria e escorra novamente.

Amasse bem a polpa da berinjela e leve ao fogo juntamente com o alho picado e dourado com 1 colher de azeite, junte a salsa, o sal e deixe cozinhar lentamente, mexendo de vez em quando, até conseguir um purê.

Em uma panela refogue a carne moída, acrescente o pão, o queijo ralado, o ovo, as azeitonas e o purê de berinjela. Leve ao fogo, mexendo bem, até conseguir um recheio homogêneo. Recheie as meias berinjelas, arrume num refratário untado com óleo. Cubra com molho de tomate, polvilhe queijo ralado e leve ao forno. Decore com azeitonas.

BIFE ACEBOLADO

Ingredientes:

- 4 bifes de contrafilé (pode ser a carne de sua preferência)
- 1 cebola em rodelas finas
- 2 dentes de alho amassados
- 2 colheres de azeite
- Chimichurri a gosto
- Sal e pimenta a gosto

Modo de Preparo:

Tempere os bifes em temperatura ambiente com o chimichurri, o sal e a pimenta a gosto.

Numa frigideira quente, acrescente o fio de azeite e coloque os bifes para grelhar, até soltarem do fundo (mais ou menos 2 minutos) virando e repetindo o procedimento. Vá reservando os bifes.

Na mesma frigideira em fogo médio, coloque 1 colher de azeite e a cebola e mexa até que fique dourada.
Acrescente 2 colheres de água e deixe ferver. Mexa de vez em quando raspando o fundo da frigideira.

Coloque numa travessa os bifes com a cebola e o caldo por cima.

BOBÓ DE FRANGO

Ingredientes:

- 2 peitos de frango
- 2 tabletes de caldo de galinha
- 2 litros de água
- 3 colheres(sopa) de manteiga
- 2 colheres (sopa) de azeite-de-dendê
- 1 cebola picada
- 2 dentes de alho amassados
- 3 colheres (sopa) de molho de tomate
- 500gr de mandioca cozida
- 500ml de leite
- 1 vidro de leite de coco.

Modo de Preparo:

Cozinhe os peitos de frango em água e sal, junto os tabletes de galinha. Reserve. Em uma panela, aqueça a manteiga e refogue a cebola e o alho. Junte o frango picado, o molho de tomate e metade da água do cozimento do frango. Deixe cozinhar um pouco.

Bata a mandioca cozida no liquidificador com o leite e misture no refogado. Deixe cozinhar por alguns minutos, acrescente o leite de coco e sirva com arroz branco.

BOLO DE CHUCHU

Ingredientes:

- 4 chuchus
- 1 cebola
- 2 tomates
- 3 ovos separados (gema/clara)
- 1 copo de leite (300ml)
- 2 colheres (sopa) de manteiga
- 6 colheres (sopa) de farinha de trigo
- 5 colheres (sopa) de queijo ralado
- 1 colher (sopa) de fermento em pó.
- Sal (á gosto)
- pimenta do reino (á gosto)
- cheiro verde (á gosto)

Modo de Preparo:

Bata as claras em neve e reserve.

Descasque os chuchus, retire as sementes e corte em pedacinhos, loure as cebolas em um pouco de óleo, junte os tomates picados, o chuchu, tempere de sal, pimenta do reino e cheiro verde, tampe e deixe cozinhar em fogo brando. Quando estiver cozido, retire para uma tigela e deixe esfriar, junte as gemas, a farinha de trigo, o leite, 3 colheres (sopa) de queijo ralado e a manteiga. Misture tudo e por fim coloque as claras em neve e o fermento em pó. Misture bem e leve ao forno em forma untada e polvilhada com o restante do queijo ralado.

COSTELA AMERICANA COM MOLHO BARBECUE

Ingredientes:

- 2,5k de costela de porco inteira
- sal grosso (á gosto)
- pimenta do reino (á gosto)
- azeite para pincelar.

Molho

- 100gr de açúcar mascavo
- 4 colheres (sopa) de mostarda
- 4 dentes de alho amassados
- 100ml de molho inglês
- 200ml de ketchup

- 100ml de molho de tomate.

Modo de Preparo:

Em assadeira coloque a costela e tempere com sal, pimenta e azeite deixe de um dia para o outro.

Molho – Coloque em uma panela o açúcar até começar a caramelizar. Misture o resto dos Ingredientes e deixe até levantar fervura, sempre mexendo. Desligue o fogo.

Na assadeira que já foi temperada a costela, pegue o molho e com a ajuda de um pincel pincele cada lado da costela, coloque no forno a 180° por aproximadamente 3 horas, mas sempre pincelando a cada 20 minutos e virando a costela.

CUSCUZ DE CARNE SECA

Ingredientes:

- 1 xícara (chá) de óleo
- 1 cebola
- 500gr de carne seca
- 1 lata de molho de tomate
- 1 lata de água (medida do molho de tomate)
- 1 lata de milho verde
- ½ pimentão vermelho
- ½ xícara (chá) de azeitonas
- 1 xícara (chá) de cebolinha verde
- 4 xícaras (chá) de farinha de milho
- sal e pimenta a gosto
- Ovos cozidos e tomates em rodela para decorar

Modo de Preparo:

Deixe a carne seca de molho. A seguir, cozinhe e desfie. Em uma panela, aqueça o óleo e refogue a cebola. Junte o pimentão, o milho verde, a carne seca cozida e desfiada, o sal, a pimenta, o molho de tomate, a água e as azeitonas. Deixe ferver com a panela tampada. A seguir, acrescente a farinha de milho e misture aos demais Ingredientes. Adicione a cebolinha, mexa e desligue o fogo.

Pincele com óleo o fundo e as laterais de uma forma de furo no meio. Grude fatias de tomates e ovos. Coloque a mistura da panela e aperte com uma colher. A seguir desenforme.

DESFEITO

Ingredientes:

- 2 pães (bengalas) amanhecidos
- 2 linguiças portuguesas
- 2 peitos de frango
- 2 cebolas grandes
- Azeite a gosto
- 1 xicara de chá de molho de tomate
- Pimenta dedo-de-moça (Sem caroço) á gosto
- Cheiro verde a gosto

Modo de Preparo:

Cozinhe o frango e as linguiças com temperos á gosto. Picar o pão miudinho, desfie a linguiça e o frango. Refogue as cebolas picadas no azeite. Colocar as carnes e 1 xícara (chá) de molho de tomate. Colocar o caldo do cozimento do frango por cima do pão e depois juntar nas carnes. Deixar apurar e acrescentar pimenta e cheiro verde.

EMPADA DE MILHO

Ingredientes:

- 1 lata de milho verde
- 1 lata de leite (medida da lata de milho)
- 2 ovos
- 3 colheres (sopa) de farinha de trigo
- 1 colher (sopa) de fermento em pó
- 1 colher (sopa) de queijo ralado

Modo de Preparo:

Bater tudo no liquidificador. Colocar em forminhas de empadas untadas com óleo ou manteiga e levar para assar. Servir quente.

EMPADÃO DE LEGUMES

Ingredientes:

Massa

- 750gr de farinha de trigo
- 375gr de margarina sem sal
- 120ml de água mineral com gás gelada
- sal a gosto

Recheio

- 3 colheres (sopa) de azeite

- 1 cebola média picada
- 2 dentes de alho picados
- 1 abobrinha italiana pequena ralada grossa com casca
- 500gr de abóbora menininha ralada grossa com casca
- 1 cenoura pequena descascada ralada grossa
- 1 lata de ervilha com milho (sem água)
- 1 chuchu pequeno descascado ralado grosso
- 200gr de azeitonas verdes em lâminas
- 3 tabletes de caldo de legumes
- cheiro verde picado e sal a gosto
- 1 pimenta dedo de moça picada
- 1 caixinha de creme de leite
- 2 colheres (sopa) de farinha de trigo
- 1 gema misturada com 1 colher (sobremesa) de café pronto para pincelar

Obs. A abóbora pode ser de sua preferência. Quanto mais alaranjada, mais bela ficará a apresentação do prato.

Modo de Preparo:

Numa tigela, coloque a farinha de trigo, a margarina sem sal, sal a gosto e misture até formar uma farofa. Depois junte aos poucos a água mineral com gás gelada, até formar uma massa homogênea. Leve para gelar por meia hora. Divida a massa em 2 partes iguais. Abra as duas metades numa espessura fina (mais ou menos 0,5cm). Com uma das metades, forre o fundo e a lateral de um refratário. Reserve.

Numa panela coloque 3 colheres (sopa) de azeite, a cebola e o alho e leve ao fogo médio até dourar. Adicione a abobrinha, a abóbora, a cenoura, o milho e a ervilha, o chuchu, as azeitonas, os 3 tabletes de caldo de legumes, cheiro verde, sal e pimenta, deixe cozinhar por 10 minutos. Depois junte o creme de leite e 2 colheres (sopa) de farinha de trigo, mexa bem. Deixe no fogo por mais 5 minutos. Retire do fogo e deixe esfriar.

Coloque o recheio de legumes frio no refratário forrado com a massa e cubra com o restante da massa aberta. Pincele 1 gema misturada com o café e leve para assar em forno pré-aquecido a 180° por 1 hora e 15 minutos ou até que a massa esteja dourada e assada.

EMPANADAS CHILENAS

Ingredientes:

Recheio

- 700gr. de peito de frango cozido e desfiado
- ¼ xícara (chá) de azeite
- 2 dentes de alho socados
- 1 cebola picada
- 4 tomates sem pele e sem sementes picados
- 2 tabletes de caldo de galinha.
- 4 colheres (sopa) de uvas passas pretas sem caroço aferventada
- ½ pimenta picada
- 2/3 xícaras (chá) de farinha de trigo
- 200 gr de queijo cremoso
- sal e cheiro verde a gosto

Massa

- 1 tablete de fermento (15g)
- 1 colher (sopa) de açúcar
- 150ml de água morna
- 100ml de leite
- 100gr de manteiga amolecida
- 500gr de farinha de trigo

- Sal a gosto

Modo de Preparo:

Refogar por 5 minutos. Acrescentar o peito de frango, as uvas passas pretas sem caroço, a pimenta picada, a farinha de trigo, o queijo cremoso. Colocar sal e cheiro verde a gosto. Levar ao fogo, se ficar seco acrescentar o caldo do frango.

Para a massa, misturar todos os ingredientes e sovar até não grudar nas mãos. Fazer bolas e abrir cada bola em 1 círculo com o rolo de amassar.

Colocar o recheio frio e dobrar ao meio (tirar o ar quando fechar para evitar bolhas). Não pincelar ovo. Assar por 20 a 25 minutos a 180 graus.

ESFIHA

Ingredientes:

Recheio

- 500gr. de carne moída crua
- ½ pimentão picado
- 1 cebola picada
- 4 tomates picados
- salsa, pimenta e sal a gosto.

Massa

- 1k de farinha de trigo

- 4 tabletes (60g) de fermento para pão
- ½ xícara (chá) de óleo
- 500 ml de leite
- sal a gosto

Modo de Preparo:

Recheio:

Misture todos os Ingredientes.

Massa:

Amornar o leite e dissolver o fermento. Acrescente o óleo, sal e a farinha aos poucos. Amasse até ficar uma massa lisa e não grudar nas mãos.

Faça bolinhas e deixe crescer. Abra a massa, colocar o recheio e fechar. Pincelar com gema de ovo e levar para assar em forno pré-aquecido a 180 graus até dourar.

ESPAGUETE A PUTANESCA

Ingredientes:

- 500gr. de espaguete cozido ao dente
- 4 dentes de alho
- 1 cebola picada
- 500gr. de tomates sem pele picados
- 100gr. de alcaparras
- 100gr. de azeitonas pretas sem caroço
- 1 pimenta vermelha picada
- Salsa e manjericão a gosto.

Modo de Preparo:

Refogue no azeite os dentes de alho, a cebola picada, os tomates as alcaparras, as azeitonas, a pimenta vermelha picada. Tempere com a salsa e o manjericão a gosto. Coloque o molho no macarrão e misture bem.

FEIJAO CASEIRINHO

Ingredientes:

- 250 gr de feijão
- 1 cebola picada
- 2 colhes de sopa de azeite
- 100gr de bacon
- 2 folhas de louro
- 3 dentes de alho picados
- Sal e pimenta moída a gosto

Modo de Preparo:

Coloque o feijão em uma panela com água. Descarte os grãos que boiarem.

Deixe de molho por até 2 horas para hidratar.

Troque a água cobrindo o feijão novamente e acrescente as folhas de louro e o bacon picado. Coloque para cozinhar em fogo alto. Assim que levantar pressão, abaixe o fogo e deixe na pressão por 10 minutos.

Em uma frigideira, refogue a cebola e o alho com uma pitada de sal.

Após tirar a pressão da panela, acrescente o refogado na panela e mexa bem. Ajuste ao seu gosto o sal e a pimenta. Cozinhe em fogo baixo por mais 10 minutos sem tampar a panela mexendo de vez em quando para não grudar o fundo. Desligue o fogo quando o caldo estiver a seu gosto (mais cremoso ou mais ralo).

FRANGO AO MOLHO CAMPEIRO

Ingredientes:

- 1k de peito de frango.
- 2 tomates bem picadinhos
- 1 copo de leite
- 1 colher (sopa) de amido de milho.
- 1 copo de requeijão

Modo de Preparo:

Cortar o frango e temperar a gosto com sal e pimenta do reino.

Refogar o frango com os tomates.

Depois de cozido desfia-lo. Juntar o leite e o amido de milho. Temperar a gosto e deixar engrossar.

Colocar tudo num refratário e cobrir com o requeijão.

Levar ao forno por 20 minutos.

FRANGO EM CUBOS A PARMEGIANA

Ingredientes:

- 2 peitos de frango
- 3 colhes de amido de milho
- ½ xicara de leite
- Sal e pimenta do reino a gosto
- 300gr de presunto
- 300gr de muçarela
- 1 sache de molho de tomate
- Queijo ralado

Modo de Preparo:

Temperar o frango a gosto e cozinhar. Cortar em cubos.

Coar o caldo e misturar com leite. Levar ao fogo 3 xícaras do caldo e o amido de milho para engrossar. Forrar um refratário com esse creme. Colocar os cubos de peito de frango enrolados no presunto e muçarela. Cobrir com molho de tomate, queijo ralado a gosto e levar ao forno até o queijo derreter.

FRANGO NA LATA

Ingredientes:

- 1 frango inteiro (aproximadamente 1,2 kg)
- 3 dentes de alho picados
- 1 lata de cerveja pilsen
- 1 mini buquê garni (ramos de sálvia, tomilho e alecrim)
- Sal e pimenta do reino a gosto

Modo de Preparo:

Lavar o frango e temperar com o alho, sal e pimenta do reino. Deixar no tempero de um dia para o outro.

Lave bem a lata de cerveja. Abra a lata e forre com papel alumínio deixando a abertura livre. Despreze metade da cerveja. Dentro da lata (com metade da cerveja) coloque o ramo de temperos (sálvia, tomilho e alecrim).

Retire o frango do tempero. Coloque a lata inteira dentro do frango através da cavidade inferior. Unte o frango com um pouco de azeite.

Numa assadeira coloque o frango em pé e tampe a cavidade superior (onde existia o pescoço) com uma laranja ou limão descascados.

Leve para assar em forno 180° por 45 minutos.

FRANGO NO LIMÃO

Ingredientes:

- 1,5 kg de sobrecoxas de frango sem pele
- 2 cabeças de alho sem casca
- 1/3 xícara (chá) de suco de limão e os limões espremidos (+/- 2 limões) – para o frango
- 2 colheres (chá) de orégano fresco debulhado
- 2 colheres (chá) de sálvia picada
- 1 colher (chá) de alecrim debulhado
- 2 colheres (sopa) de azeite
- ½ colher (chá) de pimenta-do-reino em grãos
- sal a gosto
- 1 xícara (chá) de óleo (240 ml)
- 1 xícara (chá) de vinho branco (240 ml)
- 1 xicara (chá) de caldo de frango (1 tablete de caldo dissolvido em 1 xícara de chá de água)
- 2 colheres (sopa) de manteiga (30 g)
- ¼ xícara (chá) de suco de limão (+/- 1 limão) – para o molho

Modo de preparo:

Num saco coloque as sobrecoxas de frango sem pele, o alho sem casca, 1/3 xícara (chá) de suco de limão e os limões espremidos, 2 colheres (chá) de orégano fresco debulhado, 2 colheres (chá) de sálvia picada, 1 colher (chá) de alecrim debulhado, 2 colheres (sopa) de azeite, ½ colher (chá) de pimenta-do-reino em grãos, sal a gosto, misture, amarre bem o saco e leve para à geladeira para marinar por 48 horas, mexendo de vez em quando. Reserve as sobrecoxas e os dentes de alho e despreze a marinada.

Em fogo alto, aqueça numa frigideira grande 1 xícara (chá) de óleo, arrume as sobrecoxas de frango tomando cuidado para que fiquem numa única camada e frite-as até dourar (+/- 10 minutos). Vire as sobrecoxas, adicione os dentes de alho (reservados da marinada) e frite dourando do outro lado (+/- 10 minutos).

Escorra o excesso de óleo da frigideira, volte ao fogo médio e adicione 1 xícara (chá) de vinho branco, 1 xicara (chá) de caldo de frango, deixe reduzir e escurecer o molho (+/- 8 minutos). Desligue o fogo, acrescente 2 colheres (sopa) de manteiga, ¼ xícara (chá) de suco de limão, misture e sirva em seguida.

MASSA PARA PIZZA

Ingredientes:

- 2 xícaras (chá) de água morna
- 2 tabletes (30gr) de fermento para pão
- 50ml de pinga
- 1 pitada de sal
- 1 colher (sobremesa) de açúcar
- ¾ de xícara de óleo
- 1 xicara de farinha de trigo.
- 1 sache de molho de tomate

Modo de preparo:

Misturar bem todos os ingredientes com a mão e vá colocando a farinha aos poucos até a massa não ficar mais grudando nas mãos.

Repartir a massa em 3 bolas iguais e deixar descansar.

Abrir a massa, passar o molho de tomate e levar para assar até dourar.

Recheie com os ingredientes de sua preferência após assada. A massa assada pode ser congelada para uso futuro.

MASSA PODRE BÁSICA (para uso em empadas ou tortas)

Ingredientes:

- 1kg de farinha de trigo
- 400gr de banha de porco
- 100gr de margarina
- 3 gemas
- 1 xícara (chá) de água
- 1 colher (sobremesa) de sal.

Modo de preparo:

Misture muito bem todos os Ingredientes (exceto a água).

Vá juntando água aos poucos até formar uma massa homogênea que não grude nas mãos. Esta massa não deve ser sovada.

MOUSSE DE ATUM

Ingredientes:

- 1 lata de atum
- 1 lata de creme de leite (sem soro)
- 1 pimenta vermelha
- 1 fatia grande de cebola
- 1 colher (sopa) de mostarda
- 2 colheres (sopa) de molho inglês
- 2 colheres (sopa) de maionese
- 4 colheres (sopa) de ketchup
- 1 pacote de gelatina sem sabor
- 1 ½ cubo de caldo de carne

Modo de preparo:

Dissolver em água quente (medida da lata de atum) a gelatina e o caldo de carne.

Bater tudo no liquidificador. Untar uma forma de buraco no meio com óleo e levar a geladeira.

Desenformar na hora de servir.

PANQUECAS

Ingredientes:

- 2 xícaras (chá) de farinha de trigo
- 2 xícaras (chá) de leite
- 1 pitada de sal
- 3 ovos ligeiramente batidos
- 1 colher (sopa) de queijo ralado

Modo de preparo:

Bater tudo no liquidificador. Em uma frigideira antiaderente untada com óleo, colocar uma concha da massa. Depois de assada de um lado, virar a panqueca. Repetir até acabar todas a massa.

Enrole as massas com o recheio de sua preferência. Cobrir com molho de tomate e queijo ralado e levar ao forno a 180° até o molho ferver.

PÃO DE QUEIJO

Ingredientes:

- 500gr de polvilho doce
- 1 ½ colher (café) de sal
- 1 xícara (chá) de óleo
- 400ml de leite
- 3 ovos inteiros
- 1 ½ pires de queijo ralado

Modo de preparo:

Ferver o leite junto com o óleo. Colocar numa tigela o leite fervido com o óleo e todos os Ingredientes menos os ovos, mexer tudo com uma colher de pau. Quando estiver morna colocar os ovos e amassar com as mãos até ficar uma massa uniforme.

Fazer bolinhas e colocar na assadeira, não precisa ser untada. Levar para assar.

PIMENTA SÍRIA

Ingredientes:

- 50gr de pimenta do reino preta
- 20gr de pimenta do reino branca
- 20gr de canela em pó.

Modo de preparo:

Misturar tudo.

Pode ser usada no tempero do recheio das esfihas.

PIZZA ENROLADA

Ingredientes:

- 1k de farinha de trigo
- 500gr de presunto
- 500gr de muçarela
- 1k de tomates em rodelas
- 3 ovos
- 2 tabletes de fermento para pão
- 1 xícara (chá) de óleo
- 1 colher (chá) de sal
- 1 copo de leite morno (250ml)

Modo de preparo:

Misturar na farinha, o óleo, os ovos, o leite morno e o fermento, amassar bem e deixar descansar por meia hora.

Abrir a massa com o rolo, deixando em formato retangular e colocar o recheio dessa maneira:

1º camada de presunto.

2º camada de muçarela.

3º camada de tomate (temperada com cebola, alho, cheiro verde e azeite).

Enrolar formando um rocambole.

Passar óleo na forma, passar gema sobre o rocambole. Levar para assar em forno a 180° até dourar.

PURÊ DE BATATA DOCE

Ingredientes:

- 1500gr de batata doce
- 1 colher (sopa) de margarina
- 1 xícara (chá) de açúcar
- 2 xícaras (chá) de creme de leite fresco

Modo de preparo:

Cozinhar as batatas com o açúcar, passar pelo espremedor. Levar a batedeira: a batata, o creme de leite e a manteiga, depois de bem misturados levar ao fogo para aquecer.

QUICHE DE ALHO PORÓ E CALABREZA

Ingredientes:

Massa

- 2 xícaras (chá) cheias de farinha de trigo
- 120gr de manteiga
- 1 ovo
- 1 pitada de sal
- 2 colheres (sopa) de água gelada
- 1 colher (sobremesa) de fermento em pó

Recheio

- 2 colheres (sopa) de azeite
- 500gr de linguiça calabresa fresca
- 1 cebola picada
- 2 tomates picados
- ½ pimentão vermelho picado
- ½ xícara (chá) de salsinha picada
- azeitona sem caroço a gosto
- 2 alhos poró em tiras (só a parte branca)
- Pimenta e sal a gosto
- 2 colheres (chá) de farinha de trigo

Cobertura

- 3 claras batidas em neve
- 1 copo de requeijão cremoso.
- Queijo ralado para polvilhar

Modo de preparo:

Misture todos os Ingredientes da massa com as mãos, até soltar das mãos e sovar bem.

Abra a massa na própria forma, não precisa untar a forma, cobrindo o fundo e as laterais. Leve para assar em forno preaquecido a 180° até dourar.

Refogue todos os Ingredientes do recheio e reserve. Coloque o recheio em cima da massa já assada.

Coloque a cobertura por cima do recheio, polvilhar o queijo ralado e leve ao forno até ficar dourada.

RABADA

Ingredientes:

- 2 kg de rabada fresca
- 3 colheres de sopa molho de tomate
- 1 cebola
- 4 colhes de sopa de azeite
- 4 dentes de alho
- Sal e pimenta do reino e cheiro verde a gosto

Modo de preparo:

Lave bem a rabada e remova os excessos de gordura.

Tempere a rabada com o sal, pimenta do reino e cheiro verde. Tudo a gosto.

Numa panela de pressão grande, coloque o azeite, a cebola picada e o alho amassado.

Quando tudo estiver dourado, acrescente a rabada já temperada e mexa para misturar bem.

Acrescente água até cobrir a rabada, tampe e deixe cozinhar por mais ou menos 30 minutos após pegar a pressão.

Após tirar a pressão, abra a panela e verifique se a rabada está mole. Acrescente o molho de tomate e verifique se precisa de mais sal. Ferva mais um pouco e desligue.

Deixe esfriar e remova a camada de gordura que fica na superfície para tornar o prato mais leve.

ROCAMBOLE DE CARNE MOÍDA

Ingredientes:

- 1kg de carne moída
- 1 pacote de creme de cebola
- 350gr de presunto
- 350gr de muçarela
- 100gr de molho de tomate

Modo de preparo:

Misturar a carne moída com o creme de cebola e abrir a massa sobre um plástico. Cobrir toda a carne com o presunto e a muçarela.

Enrolar o rocambole com a ajuda do plástico e levar para assar por 30 minutos.

Passar um pouco de molho de tomate por cima e assar por mais 5 minutos.

SALADA DE REPOLHO

Ingredientes:

- ½ repolho cortado bem fino
- 2 talhos de salsão cortados bem fino
- 1 cebola cortada bem fina
- 1 pote de maionese
- 50gr de uvas passas pretas
- 50gr de uvas passas brancas
- 50gr de nozes
- 2 cenouras raladas

Modo de preparo:

Aferventar o repolho, o salsão e a cebola. Quando ferver acrescentar uvas passas brancas e pretas. Apague o fogo, deixar esfriar. Esprema bem para tirar todo o líquido e junte 2 cenouras raladas e as nozes. Acrescentar sal a gosto e a maionese até atingir a consistência desejada.

SALPICÃO DE FRANGO

Ingredientes:

- 3 peitos de frango
- 1 maça ácida
- 3 talos de salsão
- 1 pimentão verde
- 1 pimentão vermelho
- 500gr de presunto picado
- 1 cebola batidinha
- 2 colhes de maionese

Modo de preparo:

Cozinhar o frango com os temperos de sua preferência, desfiar e reservar.

Pica-se bem miudinho todos os temperos e o salsão. Temperar á gosto com vinagre, azeite e pimenta do reino. Misturar com a maionese.

Por fim acrescenta-se o frango desfiado e o presunto picado.

Se ficar muito seco acrescentar 2 colheres de água. Misturar bem e levar para a geladeira.

SALPICÃO DE FRANGO DEFUMADO

Ingredientes:

- 1 peito de frango defumado ou peito de peru defumado, cortado em quadradinhos
- 1 lata de ervilhas
- 1 lata de milho verde
- 3 cenouras raladas cruas
- 2 maças verdes picadas
- 1 xicara de azeitonas
- 2 tomates sem sementes picados
- Salsa a gosto
- 1 cebola picada
- 50gr de passas sem sementes
- 500gr de batatas palha
- ½ lata de creme de leite (s/soro)
- ½ vidro pequeno de maionese
- 1 colher (sopa) de ketchup

Modo de preparo:

- Misture tudo e tempere com o creme de leite, a maionese e o ketchup.
- Na hora de servir misturar a metade da batata e a outra metade colocar por cima para decorar.

SANDUICHE NATURAL

Ingredientes:

- 1 cenoura ralada
- 1 lata de milho verde
- 1 lata de ervilhas
- 2 peitos de frango cozidos e desfiados
- ½ cebola picada
- Maionese a gosto
- Salsinha a gosto
- pimenta de reino a gosto
- sal a gosto

Modo de preparo:

Misturar bem e temperar com azeite, vinagre e maionese até ter a consistência desejada.

Fazer os sanduiches em pão de forma sem casca, embrulhar em papel alumínio e deixar na geladeira.

SARDELA

Ingredientes:

- 4 pimentões vermelhos (grandes) cortados em rodelas
- 3 dentes de alho socados
- 10 colheres (sopa) de azeite
- 100gr de filés de aliche (no óleo) escorridos e picados
- 1 colher (sopa) de orégano
- 1 colher (sobremesa) rasa de pimenta calabresa seca
- sal a gosto

Modo de preparo:

Aqueça o azeite, doure o alho e refogue os pimentões por 15min. ou até que estejam "al dente". Deixe amornar e bata no liquidificador com os filés de aliche, o orégano, a pimenta calabresa e o sal, se houver necessidade.

Depois de batido, leve ao fogo novamente, mexendo de vez em quando, até deixar no ponto de "granulado". Servir somente no dia seguinte acompanhado de pão italiano ou torradas.

SARDINHA ESCABECHE

Ingredientes:

- 1k de sardinhas limpas e abertas
- 1 limão
- 1 colher (sobremesa) de sal
- 1 cebola picada
- 1 cebola em rodelas
- Um punhado de cravos
- 1 dente de alho picado
- 1 pimenta dedo de moça picada sem semente
- Salsa a gosto
- Cebolinha a gosto
- 1 folha de louro
- ½ copo de vinagre (100ml)
- 1 copo de azeite (200ml)

Modo de preparo:

Fazer molho com o caldo do limão, da cebola e acrescentar o sal. Deixar a sardinha mergulhada por 1 hora.

Arrumar em uma panela as camadas de sardinhas, colocar as rodelas de cebolas, o cravo, a pimenta vermelha, o dente de alho picado, salsa, cebolinha, folha de louro, o vinagre e o azeite. Deixar cozinhar em fogo brando.

SIRI DE TABULEIRO

Ingredientes:

Massa:

- 200ml de leite de coco
- 200ml de leite
- ½ pão de forma esfarelado
- 500gr de carne de siri limpa
- 3 colheres (sopa) de suco de limão coado
- 2 colheres (sopa) de azeite de oliva
- 2 cebolas médias raladas
- ½ pimentão vermelho picado
- ½ pimentão verde picado
- ½ pimentão amarelo picado
- 4 tomates grandes sem pele e sementes picados
- 1 pimenta dedo de moça picada
- 100gr de castanha de caju picadas
- ½ xícara (chá) de salsa picada
- 2 colheres (sopa) de azeite de dendê
- sal, coentro e temperos a gosto.

Cobertura cremosa

- 400gr de molho branco
- 200gr de requeijão
- Sal e noz moscada a gosto.

Cobertura de farofa

- ½ xícara (chá) de farinha de mandioca
- ½ xícara (chá) de queijo parmesão ralado
- ¼ xícara (chá) de farinha de castanha de caju
- 2 colheres (sopa) de azeite de dendê
- azeite de oliva o suficiente para formar uma massa

Modo de preparo:

Massa:

Misture o leite de coco e o leite, misture bem. Adicione o pão esfarelado, mexa bem e reserve. Tempere a carne de siri com o suco de limão e reserve. Refogue no azeite de oliva a cebola, os pimentões, os tomates e a pimenta, acrescente a carne de siri reservada e deixe refogar por 5 minutos. Junte o pão de forma embebido nos leites reservado e deixe refogar por mais alguns minutos. Retire a panela do fogo, junte a castanha de caju, a salsa e o azeite de dendê. Reveja o sal e temperos a gosto, coloque em tabuleiro refratário, espalhe delicadamente a cobertura cremosa e polvilhe com a cobertura de farofa. Leve ao forno pré-aquecido até dourar.

Cobertura cremosa - misture o molho branco e o requeijão, acerte a sal e adicione a noz moscada.

Cobertura de farofa – misture todos os Ingredientes, dando ponto de farofa úmida com o azeite de oliva.

TABULE

Ingredientes:

- 45gr. de trigo para kibe
- 200gr. de tomate picado sem sementes
- 1 cebola picada
- 2 pepinos picados
- 1 maço de salsinha picada
- 3 colheres (sopa) de suco de limão
- 2 colheres(sopa) de azeite
- Sal e pimenta do reino a gosto
- ¼ colher (chá) de noz-moscada
- hortelã picado a gosto

Modo de preparo:

Deixe o trigo de molho por 2 horas. Lave bem o trigo em água corrente, escorra e esprema nas mãos para retirar o excesso de umidade. Passe a cebola picada em água fria e escorra bem. Junte os outros Ingredientes (menos o tomate) e deixe tampado na geladeira por pelo menos 8 horas, antes de servir acrescente os tomates.

TORTA DE CEBOLA

Ingredientes:

Massa:

- 2 copos de leite
- 2 copos de farinha de trigo
- 2 ovos inteiros
- 1 copo de óleo
- 1 colher (sopa) de fermento em pó
- 1 copo de queijo ralado

Recheio:

- 4 tomates
- 2 cebolas grades
- tempero a gosto (sal, orégano, pimenta do reino)

Modo de preparo:

Massa:

Bater no liquidificador todos os ingredientes e colocar a massa em uma assadeira untada.

Recheio:

Cortar tudo em rodelas finas numa tigela, juntar os temperos e um pouco de azeite. Colocar o recheio por cima da massa e levar apara assar em 180 graus até dourar.

TORTA DE ESCAROLA

Ingredientes:

Massa

- 1 xícara (chá) de leite gelado
- 1 xícara (chá) de maionese
- 1 colher (chá) de fermento em pó
- 3 xícaras (chá) de farinha de trigo
- Salsa, cebolinha picada e sal a gosto.

Recheio

- 3 colheres (sopa) de azeite
- 4 dentes de alho picados
- 1 cebola picada
- 1 tomate sem pele e semente picado
- 1 escarola picada e aferventada
- sal, pimenta calabresa e azeitonas pretas a gosto
- 200gr. de bacon fatiado

Modo de preparo:

Massa:

Juntar todos os ingredientes e amassar. Deixar descansar por ½ hora. Colocar a massa em forma desmontável e levar para assar em forno a 180 graus até dourar.

Recheio:

Refogar no azeite os dentes de alho picados, a cebola picada, o tomate e a escarola. Acrescentar sal, pimenta calabresa e azeitonas pretas a gosto.

Desenforme a massa já assada e colocar o recheio. Fritar o bacon e colocar por cima. Levar ao forno até dourar.

TORTA PARA LANCHE

Ingredientes:

Massa:

- 1 xícara (chá) de óleo
- 3 xícaras (chá) de leite
- 2 xícaras (chá) de farinha de trigo
- 3 ovos inteiros
- 1 colher (sopa) de fermento em pó
- 3 colheres (sopa) queijo ralado
- 1 colher (chá) de sal.

Recheio:

- 250gr de presunto picado
- 250gr de muçarela picada
- 1 tomate cortado em rodelas e temperado (orégano, azeite, vinagre).

Modo de preparo:

Bater no liquidificador: o óleo, o leite, a farinha de trigo, os ovos inteiros, o fermento em pó, o queijo ralado e o sal.

Untar a forma e colocar a metade da massa.

Espalhar o presunto, a muçarela e as rodelas de tomate.

Por fim, cobrir com o resto da massa. Leve para assar em forno quente.

TORTA SALGADA

Ingredientes:

Massa:

- 5 ovos
- 1 xícara (chá) de leite
- 1 xícara (chá) de óleo
- 2 xícaras (chá) de farinha de trigo
- 1 colher (sopa) de fermento em pó
- 1 pitada de sal.

Recheio:

- 1 lata de ervilhas
- 1 lata de palmito picado
- 1 ovo cozido
- 1 Pimentão picado
- 1 Cebola picada
- 1 lata de molho de tomate
- 1 peito de frango cozido e desfiado
- 1 copo de leite
- 1 colher de amido de milho

Modo de preparo:

Bater todos ingredientes da massa no liquidificador e reservar.

Em uma panela, refogar todos os ingredientes do recheio e deixar esfriar.

Fazer camadas de massa e de recheio. Por fim pincelar com ovo e levar para assar em forno quente.

DOCES

AMOR EM PEDAÇOS

Ingredientes:

Massa - 2 colheres (sopa) de manteiga, 2 xícaras (chá) de açúcar, 3 ovos, 1 copo de leite, 3 xícaras (chá) de farinha de trigo, 1 colher (sopa) de fermento em pó.

Bater as gemas com o açúcar e depois ir acrescentado os outros Ingredientes e por último o fermento e as claras em neve.

Levar para assar.

Calda - 1 copo de suco de laranja e 4 colheres (sopa) de açúcar. Misturar.

Pôr a calda por cima do bolo. Cortar aos quadrados. Passar no coco ralado.

BEIJINHOS DE ABACAXI

Ingredientes:

2 abacaxis, 900gr. de açúcar, 1 coco ralado.

Descascar os abacaxis e passar pelo ralador. Juntar o açúcar e o coco ralado e levar ao fogo mexendo sempre até desprender do fundo da panela. Deixar esfriar. Fazer bolinhas e passar no açúcar cristal. Enfeitar com 1 cravo da índia.

BIRIBINHA

Ingredientes:

1 lata de leite condensado, 1 colher (sopa) rasa de manteiga, 3 ovos, 1 pacote de coco ralado (100 gr)

Em um recipiente misture todos os Ingredientes. Levar para assar em forminhas de papel de cupcake.

BOLO CHAPA QUENTE

Ingredientes:

Fermento – 2 colheres (sopa) de fermento para pão, 1 colher (sopa) de açúcar, ½ copo de água morna.

Numa vasilha colocar: 1 copo de farinha de milho branca, 3 copos de farinha de trigo, 1 colher (sopa) de açúcar, ½ colher (sopa) de sal. Misture tudo com o fermento se precisar mais água vai colocando aos poucos até desgrudar das mãos. Quando estiver solta fazer bolos com um pouco de farinha, deixar descansar até ficar bem leve. Tende-se e coloca na frigideira ou chapa quente. É bom para comer com peixe ou torresmos.

BOLO DE CENOURA

Ingredientes:

Massa - 4 ovos, 1 xícara (chá) de óleo, 3 ou 4 cenouras, 2 xícaras (chá) de açúcar, 2 xícaras (chá) de farinha de trigo, 1 colher (sopa) de fermento em pó.

No copo do liquidificador, coloque os ovos, as cenouras raladas e o óleo. Bata e reserve. Em um recipiente, coloque a farinha, o açúcar, o fermento em pó e a mistura reservada. Mexa para se agregarem. Coloque em uma assadeira retangular, untada e polvilhada. Leve ao forno pré-aquecido por 30 minutos. Retire do fogo e regue com a calda.

Cobertura – 5 colheres (sopa) de açúcar, 2 colheres(sopa) de manteiga, 2 colheres (sopa) de chocolate em pó, 2 colheres (sopa) de leite.

Em uma panela, coloque açúcar, chocolate em pó, manteiga e leite. Mexa. Deixe ferver.

BOLO DE CHOCOLATE E MAÇA

Ingredientes:

Peneirar os Ingredientes secos numa tigela grande 2 ½ xícaras (chá) de farinha de trigo, 1 colher (sopa) de fermento em pó, 1 ½ colher (chá) de bicabornato de sódio, 1 pitada de sal, 1 colher (chá) de canela em pó, 4 colheres (sopa) de chocolate em pó.

No liquidificador bater 4 ovos inteiros, 2 xícaras (chá) de açúcar, ½ copo de leite, ¾ xícaras (chá) de margarina, 1 xícara (chá) de uvas passas sem sementes, 3 maças picadas.

Misturar bem com uma colher a parte do liquidificador com os Ingredientes da tigela. Untar e polvilhar uma forma redonda com furo no meio. Levar para assar. Depois de assado polvilhar açúcar por cima.

BOLO DE CHOCOLATE COM MOUSSE

Ingredientes:

Massa – ½ xícara (chá) de chocolate em pó, 180ml de água fervendo, 210gr de farinha de trigo, 315gr de açúcar, 1 colher (sobremesa) de bicarbonato de sódio, 1 colher (chá) de sal, ½ xícara (chá) de óleo, 7 gemas em temperatura ambiente, 2 colheres (chá) de essência de baunilha, 1 colher (chá) de fermento em pó, 7 claras em temperatura ambiente.

Numa tigela pequena, coloque ½ xícaras (chá) de chocolate em pó e junte 180ml de água fervendo. Mexa até dissolver bem e deixe esfriar.

Peneire 210gr de farinha de trigo com 315gr de açúcar, 1 colher (sobremesa) de bicarbonato de sódio e 1 colher (chá) de sal. Reserve.

Numa batedeira, junte ½ xícara (chá) de óleo, 7 gemas, 2 colheres (chá) de essência de baunilha e a mistura do chocolate dissolvido. Bata em velocidade média e acrescente aos poucos a farinha de trigo com o açúcar, o bicarbonato e o sal até misturar bem todos os Ingredientes.

Numa outra tigela de batedeira, coloque as 7 claras e polvilhe 1 colher (chá) de fermento em pó sobre as claras. Bata até que se formem picos firmes. Adicione as claras na massa de chocolate e misture delicadamente. Coloque numa forma (26cm) forrada com papel-manteiga, untada e enfarinhada.

Recheio – 1 litro de creme de leite fresco, 3 xícaras (chá) de açúcar de confeiteiro peneirado, 130gr de chocolate em pó, 4 colheres (chá) de essência de baunilha, 2 colheres (chá) de gelatina em pó branca sem sabor, 4 colheres (sopa) de água.

Numa batedeira bata 1 litro de creme de leite fresco, 3 xícaras (chá) de açúcar de confeiteiro, 130gr de chocolate em pó e 4 colheres (sopa) de baunilha até ficar firme. Leve para gelar por 1 hora.

Polvilhe 2 colheres (chá) de gelatina em pó branca sem sabor sobre 4 colheres (sopa) de água e deixe hidratar por alguns minutos. Leve ao fogo em banho-maria, mexendo até dissolver bem. Deixe esfriar e misture com o recheio. Reserve.

Montagem – Corte a tampa do bolo com2 cm de espessura. Reserve. Coloque 1 pires de café no centro do bolo. Com uma faca afiada, recorte a margem do pires fazendo um círculo. Retire o pires.

Coloque um prato de sobremesa no centro do bolo. Com uma faca afiada recorte a margem do prato de sobremesa fazendo um círculo. Retire o prato.

Com uma colher, vá retirando a faixa que se formou. Deixe uma parede de mais ou menos 1,5cm de largura da borda e o fundo do bolo com cerca de 2cm de altura.

Recheie está cavidade do bolo. Recoloque a tampa do bolo e cubra o bolo com o restante do recheio. Decore com raspas de chocolate. Leve para gelar até a hora de servir.

BOLO DE FUBÁ

Ingredientes:

Bater muito bem na batedeira 4 claras em neve colocar em seguida as 4 gemas, bater bem, acrescentar 2 xícaras (chá) de açúcar continuar batendo. Desligar a batedeira e acrescentar 1 xícara (chá) de farinha de trigo, 1 xícara (chá) de fubá, ½ xícara (chá) de óleo, 1 xícara (chá) de leite fervendo, 1 colher (sopa) de fermento em pó misturar bem. Levar para assar em assadeira pequena e rasa. Polvilhar com açúcar e canela logo que tirar do forno (misture o açúcar e a canela antes).

BOLO DE LARANJA DE SÃO JOSÉ

Ingredientes:

Massa - 6 ovos, 3 xícaras(chá) de açúcar, 4 xícaras (chá) de farinha de trigo, 1 ½ xícara (chá) de suco de laranja, 1 colher (sopa) de fermento em pó.

Bater as claras em ponto de neve, acrescentar o açúcar e bater em forma de suspiro, juntar as gemas uma a uma. Por último acrescentar a farinha, o fermento e o suco de laranja misturar bem e levar para assar em forma untada e forno pré-aquecido. Jogar por cima a calda ainda quente.

Calda – 1 copo de suco de laranja, misturado com 8 colheres (sopa) de açúcar.

BOLO DE MANDIOCA

Ingredientes:

1k de massa de mandioca, 150gr de coco ralado, 200ml de leite de coco, 100gr de manteiga, 1 litro de leite, 3 ovos inteiros, 2 copos (tipo americano) de açúcar, cravo e canela a gosto, 1 copo de água, 1 colher (sopa) de fermento em pó.

Para fazer a massa de mandioca, bata no liquidificador a mandioca cortada em pedaços e a mesma proporção de água. Depois de bater, coe a massa num pano de prato. Despreze o caldo e reserve o bagaço. Faça um chá com a água, o cravo e canela. Coe, deixe esfriar e reserve.

Na batedeira, bata o açúcar e a manteiga até formar um creme. Acrescente os ovos, sempre batendo. Adicione a massa de mandioca, o leite e o leite de coco com a batedeira em movimento.

Despeje numa travessa e mexa bem com uma colher de pau. Misture o coco ralado, o chá de cravo e canela. Acrescente o fermento em pó e mexa por aproximadamente 5 minutos. Unte uma forma só com manteiga. Despeje a massa e leve ao forno pré-aquecido por 40 minutos.

BOLO DE MEL (Ano novo judaico)

Ingredientes:

Massa - 4 ovos, 1 xícara (chá) de açúcar, ¾ xícara (chá) de mel, ½ xícara (chá) de café forte (4 colheres (sopa) de pó de café em 1 xícara (chá) de água), ½ xícara (chá) de óleo, 1 ½ colher (chá) de bicarbonato (dissolvido no café), 350gr de farinha de trigo, 1 colher (chá) de essência de baunilha, 1 xícara (chá) de nozes picadas, 1 xícara (chá) de uvas passas brancas sem sementes, polvilhadas com farinha de trigo.

Separe as gemas das claras. Na batedeira, bata as claras em neve junte o açúcar e as gemas e continue batendo até a mistura crescer bastante. Desligue a batedeira e acrescente o mel, o café forte, o óleo, o bicabornato dissolvido no café e a farinha, a essência de baunilha, as uvas passas e as nozes. Misturar bem e levar para assar em forma untada e polvilhada.

BOLO DE NOZES CREME DE CAFÉ E CANELA

Ingredientes:

5 ovos, 8 colheres (sopa) de açúcar, 1 xícara (chá) de nozes moídas, 5 colheres (sopa) de farinha de rosca, 1 colher (sopa) de fermento em pó.

Bater as claras em neve, acrescentar o açúcar aos poucos e depois 1 gema de cada vez, depois de bem batido desligar a batedeira e acrescentar as nozes, a farinha de rosca e o fermento, misturar bem e levar para assar em forma untada e enfarinhada com farinha de rosca.

Recheio e Cobertura. Levar ao fogo em uma panela 1 lata de leite condensado, 2 colheres (sopa) de Nescafé, 1 colher (sopa) de manteiga, mexer bem até aparecer o fundo da panela (massa de brigadeiro). Depois de frio acrescentar 1 lata de creme de leite e ½ colher (chá) de canela em pó. Misturar.

BOLO 5, 10, 15

Ingredientes:

5 ovos bater por 8 minutos, acrescentar aos poucos 10 colheres (sopa) de açúcar e continuar a bater, juntar 15 colheres (sopa) de amido de milho. Levar ao forno por 40 min. Em forma untada.

BOLO FORMIGUEIRO ESPECIAL

Ingredientes:

Massa – 4 ovos, 100gr de manteiga, 2 xícaras (chá) de açúcar, 150ml de leite de coco, 100ml de leite, 100gr de coco ralado, 2 ½ xícaras (chá) de farinha de trigo, 1 colher (sopa) de fermento em pó, 200gr de chocolate granulado.

Bata as claras em ponto neve e reserve.

Em seguida, leve para a batedeira as gemas, a manteiga e o açúcar e bata muito bem até ficar cremoso.

Enquanto isso, em outro recipiente, misture o leite de coco, o leite e o coco ralado, mexa bem e acrescente esta mistura na batedeira.

Bata mais um pouco, transfira esse creme para um recipiente maior e aos poucos coloque a farinha de trigo e o fermento em pó, mexendo com o auxílio de um fuê.

Acrescente as claras em neve, mexa bem, e por último acrescente o chocolate granulado. Misture bem. Leve para assar.

Recheio de ganache branco de leite de coco - 400gr de chocolate branco picado, 100 ml de creme de leite, 150ml de leite de coco.

Leve para o micro-ondas ou em banho-maria o chocolate branco picado com o creme de leite até derreter. Retire e acrescente o leite de coco, mexa bem. Leve à geladeira por mais ou menos 2 horas, até adquirir consistência para rechear o bolo.

Cobertura de ganache de chocolate escuro-150gr de chocolate meio amargo picado, 100gr de chocolate ao leite picado, 100ml de creme de leite.

Misture os 3 Ingredientes e leve para derreter no micro-ondas ou em banho-maria, mexa bem para adquirir um brilho. Reserve para decorar o bolo.

Divida a massa em 3 partes, coloque duas camadas de recheio e cubra com o ganache escuro.

BOLO MARTHA ROCHA

Ingredientes:

Massa – 7 ovos separados, 1 xícara (chá) de açúcar, 1 xícara (chá) de farinha de trigo, 3 colheres (sopa) de chocolate em pó.

Bater as claras em neve até obter picos firmes. Acrescente as gemas uma a uma, depois o açúcar, batendo por 5 minutos. Vá peneirando a farinha de trigo sobre a massa e misture delicadamente. Divida a massa em 2 partes. A uma parte acrescente o chocolate e misture. Coloque a massa em 2 formas de 25cm de diâmetro untadas e forradas com papel impermeável também untado. Assar por 30 minutos em forno 200°. Deixe esfriar e desenforme.

Creme de gemas – 6 gemas, 1 xícara (chá) de açúcar, 2 colheres (sopa) de amido de milho, 1 xícara (chá) de água, ½ xícara (chá) de leite, 1 colher (sopa) de manteiga.

Misture as gemas com o açúcar e o amido de milho. Leve o leite e a água numa panela para aquecer. Quando estiver prestes a ferver junte um pouco a mistura das gemas. Misture e volte à panela do leite e da água, mexendo sempre até engrossar. Retire do fogo, junte a manteiga, misture e reserve.

Crocante de nozes – 1 xícara (chá) de nozes picadas, 1 xícara (chá) de açúcar.

Coloque o açúcar numa panela e leve ao fogo, mexendo sempre até dissolver e obter uma calda de caramelo. Junte as nozes picadas, misture e retire do fogo. Despeje sobre uma superfície untada com manteiga e deixe esfriar. Depois de frio quebre em pedacinhos.

Suspiro – 2 xícaras (chá) de açúcar, 3 claras.

Bata as claras no liquidificador por 8 minutos. Ainda batendo acrescente aos poucos o açúcar. Passe a massa para um saco de confeitar e com um bico pitanga faça montinhos em uma assadeira forrada com papel manteiga. Puxe no final de cada montinho para formar a pontinha do suspiro. Leve para assar por 15minutos a 160 graus ou até secar e dourar por baixo. Reserve. Caso prefira, pode ser comprado pronto.

Creme de chantilly - ½ l de creme de leite fresco, 4 colheres (sopa) de açúcar.

Coloque o creme de leite e o açúcar numa tigela da batedeira, e bata em velocidade baixa, aumentando depois. Bata até engrossar e obter picos firmes. Mas não bata demais, senão desanda e vira manteiga.

Monte a torta –

1º camada - bolo de chocolate de gemas
2º camada - creme
3º camada - crocante de nozes
4º camada - suspiro
5º camada - creme chantilly branco
6º camada - bolo
7º camada – geleia de damasco ou ameixa

Cubra com o restante do chantilly. Enfeite com fios de ovos e cerejas.

BOLO MESCLADO

Ingredientes:

Massa - 5 ovos, 2 xícaras (chá) de açúcar, 2 xícaras (chá) de farinha de trigo, 1 pitada de sal, 1 colher (sopa) de fermento em pó, 1 xícara (chá) de leite fervendo.

Bater as claras em neve, acrescentar as gemas e o açúcar bater bastante. Desligar a batedeira e juntar o leite, a farinha, o sal e por último o fermento em pó.

Recheio - Bater no liquidificador: ½l. de leite, 1 lata de leite condensado, 3 gemas, 3 colheres (sopa) de amido de milho,

Levar ao fogo e deixar engrossar, quando estiver frio acrescentar 1 lata de creme de leite sem soro.

Cobertura - Queimar 2 xícaras (chá) de açúcar, quando estiver derretido, acrescentar 1 xícara (chá) de água, deixar ferver a ponto de fio.

Bater 3 claras em neve, ir acrescentado a calda em ponto de fio e bater até ficar frio.

Levar ao fogo, 3 colheres (sopa) de chocolate em pó, 1 colher (café) de manteiga e 2 colheres (sopa) de leite, misturar bem e ferver. Joga-se na cobertura do bolo e com as costas de uma colher fazer movimentos circulares.

Servir bem gelado.

BOLO NUTELLA (CREME DE AVELA)

Ingredientes:

Massa – 6 ovos grandes (claras em neve), 1 pitada de sal, ½ xícara (chá) de manteiga, 1 copo grande de creme de avela, 1 colher (sopa) de rum, ½ xícara (chá) de avelãs trituradas, 120gr de chocolate meio amargo derretido em banho Maria.

Bata a manteiga e a creme de avela até obter uma massa cremosa. Adicione o rum, as gemas e as avelãs trituradas. Misture o chocolate derretido, delicadamente. Adicione, aos poucos, as claras em neve, misturando delicadamente até incorporar. Coloque em uma forma untada. Leve ao forno médio, pré-aquecido, por 40 min.

Ganache – 120gr de avelãs inteiras, ½ xícara (chá) de creme de leite, 1 colher (sopa) de rum, 120 gr de chocolate meio amargo picado.

Torre as avelãs, Reserve. Derreta o chocolate em banho-maria. Misture ao chocolate derretido o creme de leite e o rum. Cubra o bolo com o ganache. Polvilhe um pouco de farofa de avelã.

BOLO PRESTÍGIO

Ingredientes:

Massa - 3 ovos, 2 xícaras (chá) de açúcar, 3 colheres (sopa) de manteiga, 3 xícaras (chá) de farinha de trigo, 1 xícara (chá) de chocolate em pó, 1 colher (sopa) de fermento em pó, 1 ½ xícara (chá) de leite.

Bater a manteiga com o açúcar bem e acrescentar as gemas e depois os outros Ingredientes. Por último acrescentar as claras em neve.

Recheio – 100gr. de coco ralado e 1 lata de leite condensado.

Misturar tudo e levar ao fogo

Cobertura - 200gr. de chocolate ao leite, 1 lata de creme de leite.

Derreter em banho-maria o chocolate e depois acrescentar o creme de leite.

BOLO PUDIM

Ingredientes:

Massa – 150 gr de manteiga, 1 xícara (chá) de açúcar, 3 ovos, 1 ½ xícara (chá) de farinha de trigo, ½ xícara (chá) de leite, ½ xícara (chá) de chocolate em pó, 1 colher (sopa) de fermento em pó.

Na batedeira, colocar a manteiga e o açúcar e bater. Acrescentar os ovos e o leite e bater; acrescentar a farinha e o chocolate, bater até obter uma massa homogênea. Misturar o fermento com o fuê.

Pudim – 4 ovos, 1 lata de leite condensado, 3 xícaras (chá) de leite.

Bater todos os Ingredientes no liquidificador até obter uma mistura homogênea.

Montagem – Caramelizar uma forma alta de furo no meio. Colocar primeiro a mistura do bolo e por cima a mistura do pudim. Assar em forno pré-aquecido, em banho-maria, por aproximadamente 1 hora.

BRIGADEIRO RECHEADO

Ingredientes:

Deixar de molho uvas passas sem caroço no vinho branco ou rum durante um dia.

Cozinhar uma lata de leite condensado, depois de cozido misturar 2 colheres de chocolate em pó, 1 colher (sopa) de manteiga, levar ao fogo até aparecer o fundo da panela.,

Fazer bolinhas rechear com a uva passa e enrolar no chocolate granulado.

BRIGADEIRÃO

Ingredientes:

6 gemas, 2 latas de leite condensado, a mesma medida de leite (1lata), 6 colheres (sopa) de chocolate em pó, 1 colher (sopa) de manteiga.

Bater no liquidificador todos os Ingredientes até ficar uma mistura bem homogênea. Unte a forma (furo no meio) com margarina, despeje a mistura e leve para assar em banho-maria. Forno 200°.

CAJUZINHOS DE AMENDOIM

Ingredientes:

1 prato de coco ralado, 1 prato de amendoim moído e 1 prato de açúcar. Misturar tudo, levar ao fogo mexendo sempre até que despregue do fundo da panela Retirar do fogo bater bem e fazer os cajuzinhos. Passe no açúcar cristal e enfeite com um amendoim.

CAMAFEU DE NOZES

Ingredientes:

1 lata de leite condensado, 150gr de nozes moídas, 1 colher (sobremesa) de manteiga

Em uma panela, coloque leite condensado, a manteiga e as nozes moídas e misture. Cozinhe por aproximadamente 5minutos (até desgrudar da panela) sem parar de mexer. Unte um prato com manteiga, coloque o doce e deixe esfriar. Depois de frio enrole no formato do camafeu e banhe no fondan. Acomode em uma assadeira virada ao contrário e pincelada com manteiga. Decore com uma noz e deixe secar.

Fondan – 1k de açúcar de confeiteiro, leite.

Coloque o açúcar de confeiteiro em um recipiente, pingue leite aos poucos e mexa até obter um creme grosso. Quando o fondan estiver pronto, derreta-o em banho-maria.

CANJICA

Ingredientes:

500gr de milho de canjica, canela em pau e cravo da índia a gosto, 1 colher (café) de sal, amendoim torrado e moído, 1 litro de leite fervido, ½ coco ralado, açúcar a gosto, canela em pó para polvilhar.

Deixe de molho o milho da canjica de véspera. No dia seguinte, leve ao fogo na mesma água que ficou de molho. Junte o cravo e a canela em pau, o sal e leve ao fogo. Quando estiver cozido, junte o leite fervido, o coco ralado e o açúcar. Acrescente o amendoim torrado e moído. Deixe mais um pouco no fogo, mexendo sempre, até o caldo ficar grosso. Polvilhe a canela em pó, já na travessa. Sirva quente ou gelado.

CARACÓIS HÚNGAROS

Ingredientes:

Massa - 500gr. de farinha de trigo, 1 pitada de sal, 5 gemas, 3 colheres (sopa) de óleo, 1 copo de leite morno, 1 tablete de fermento para pão, 2 colheres (sopa) de açúcar. Amassar bem e deixar descansar por 20 minutos.

Creme - ½ xícara (chá) de açúcar, 100 gr. de manteiga. Misturar bem.

Calda – 1 copo de açúcar, ½ l de leite, essência de baunilha. Levar para ferver.

Recheio - 100gr. de coco ralado.

Abrir a massa em um retângulo, passar o creme e espalhar o cocô ralado.

Enrolar como rocambole e cortar em rodelas mais ou menos 3 dedos. Colocá-los em pé. Levar para assar

Ainda quente jogar a calda por cima.

CHARLOTE DE CHOCOLATE COM CAJÁ

Ingredientes:

Para calda de cajá 400gr de polpa de cajá, 400gr de açúcar cristal, gotas de limão.

Para a mousse de cajá 300gr de polpa de cajá, 1 lata de leite condensado, 1 creme de leite TP (200gr) caixinha, 1 envelope de gelatina sem sabor, ¼ de xícara (chá) de água.

Para a mousse de chocolate 400gr de chocolate meio amargo, 3 ovos, 8 colheres (sopa) de açúcar, 300gr de creme de leite fresco batido (em ponto de chantilly), 1 colher (sopa) rasa de manteiga sem sal.

Para Montagem 200gr de biscoito champanhe, 3 discos (finos) de pão de ló.

Modo de fazer

Calda de cajá - numa panela, misture todos os Ingredientes e leve ao fogo por aproximadamente 40 minutos ou até que esteja em ponto de calda grossa (parece uma geleia rala). Reserve.

Mousse de cajá- Hidrate a gelatina em ¼ de xícara (chá) de água e derreta em micro-ondas ou banho-maria. Reserve.

No liquidificador, coloque todos os Ingredientes (exceto a gelatina) e bata rapidamente (2 pulsadas), por fim misture a gelatina e reserve.

Mousse de chocolate – Derreta o chocolate com a manteiga em banho-maria ou micro-ondas e reserve.

Leve as gemas com 3 colheres (sopa) de açúcar, ao fogo em banho-maria, mexendo sem parar, até que dissolva todo o açúcar e fique levemente esbranquiçada. Reserve.

Numa panela coloque as claras e o restante do açúcar e leve ao fogo, mexendo sem parar, por 2 a 3 minutos e leve a batedeira, e bata até que esfrie completamente (merengue) reserve.

Numa tigela, misture as gemas ao chocolate derretido com a manteiga, em seguida misture o creme de leite batido (Chantilly) e por fim as claras (merengue), mexendo delicadamente. Reserve.

Montagem Num aro (25cm aproximadamente), coloque um disco de pão de ló no fundo, arrume o biscoito champanhe em toda a lateral, despeje metade da mousse de chocolate, coloque outra camada de pão de ló, despeje a mousse de cajá e por cima 2 a 3 colheres de calda de cajá, coloque outra camada de pão de ló e por fim o restante da mousse de chocolate, leve à geladeira por 2 horas e despeje o restante da calda de cajá sobre a mousse de chocolate. Leve à geladeira por 4 a 6 horas. Sirva gelado.

CHOCOLATE CAKE

Ingredientes:

Massa - 5 ovos, 1 xícara (chá) de óleo, 3 xícaras (chá) de açúcar, 3 xícaras (chá) de farinha de trigo, 2 xícaras (chá) de leite, 1 xícara (chá) de chocolate em pó e 1 colher (sopa) de fermento em pó.

Bata as claras em neve junte o açúcar e bata muito bem acrescente as gemas e continue a bater. Desligue a batedeira e acrescente a farinha, o leite, o chocolate e o óleo. Misture tudo. Por último acrescente o fermento em pó. Leve para assar em forma untada por 45 minutos.

Calda – ferver água com cravo, canela em pau, casca de laranja, açúcar, depois de frio acrescentar licor.

Cobertura - derreter em banho-maria 1 barra de chocolate meio amargo, acrescentar 1 lata de creme de leite com soro. Misturar bem.

COCADINHA AO FORNO

Ingredientes:

1 pacote de coco ralado, 1 lata de leite condensado, 4 colheres (sopa) de açúcar, 4 ovos, 1 colher (sopa) de manteiga.

Bater a manteiga com o açúcar até ficar um creme. Acrescentar as gemas e continuar batendo, junte o leite condensado, o coco ralado, e as claras em neve.

Coloque essa massa em pequenas colheradas em forminhas de papel e leve para assar dentro das forminhas de empada.

Quando estiverem douradas retire do forno e sirva nas próprias forminhas de papel.

COOKIES

Ingredientes:

2 xícaras (chá) de farinha de trigo, ¾ xícara (chá) de açúcar mascavo, ¾ xícara (chá) de açúcar cristal, 2 ovos grandes, 2 colheres (sopa) de manteiga, 1 colher (chá) de essência de baunilha, 1 pitada de sal, 1 colher (chá) de fermento em pó.

Misturar todos os Ingredientes e acrescentar 1 barra de chocolate meio amargo picado. Fazer bolinhas e levar ao forno 180° em assadeira untada por 25 minutos.

DOCE DE BANANA

Ingredientes:

9 bananas nanicas maduras e picadas, 33 colheres (sopa) de açúcar, 1 colher (sopa) de manteiga, 3 colheres (sopa) de chocolate em pó.

Levar tudo ao fogo no mínimo, quando estiver no ponto, tirar do fogo e bater bem.

Despeje no mármore untado com manteiga. Corte em retângulos.

EMPADA DE COCO

Ingredientes:

Bater bem 4 gemas com 1 ½ copo de açúcar, até formar uma pasta. Junte 2 colheres (sopa) de manteiga e continue batendo. Adicione 2 copos de coco ralado, 1 ½ copo de leite, e colheres (sopa) de amido de milho, bater mais um pouco. Levar ao forno em assadeira untada e enfarinhada. Depois de assado deixe esfriar.

Cobertura Bater 4 claras em neve, junte 4 colheres (sopa) de açúcar. Cubra a empada. Leve novamente ao forno para corar.

MANJAR BRANCO COM CALDA DE VINHO TINTO

Ingredientes:

½ l. de leite, 1 lata de leite condensado, 3 colheres (sopa) amido de milho, 1 vidro de leite de coco, 100gr. de coco ralado, açúcar se necessário

Levar ao fogo para engrossar. Colocar em forma de furo no meio e passada pela água. Levar para a geladeira.

Calda- 1 ½ copo de vinho tinto, 1 copo de água, 1 copo de açúcar, canela em pau, 150gr. de ameixa.

Levar ao fogo até engrossar. Jogar por cima do manjar antes de servir.

MARSHMELLOW

Ingredientes:

1 xícara (chá) de açúcar, ½ xícara (chá) de água. Levar ao fogo até fazer uma calda grossa (ponto de fio).

Na batedeira - bater 2 claras em neve firme, juntar a calda aos poucos e continuar a bater até esfriar.

MELAÇADA

Ingredientes:

1k de farinha de trigo, 1 colher (sopa) de manteiga, 2 ovos, 2 tabletes de fermento de pão, ½ xícara (chá) de açúcar, 1 colher (café) de sal, leite o necessário. Misturar todos os Ingredientes, untar o recipiente com farinha e deixar descansar. Abrir as melaçadas com a mão umedecida no leite, fritar em bastante óleo, deixar escorrer no papel toalha, passar no açúcar.

MOUSSE DE LIMÃO

Ingredientes:

1 lata de leite condensado, 1 lata de creme de leite, 1 pacote de gelatina de limão, 1 ½ lata de água morna (dissolver a gelatina na água) suco de 1 limão.

Bater tudo no liquidificador.

MOUSSE DE MARACUJÁ

Ingredientes:

1 lata de creme de leite, 1 lata de leite condensado, 1 lata de suco de maracujá, 1 lata de água quente, 1 pacote de gelatina sem sabor (ler instruções para dissolver).

Bater tudo no liquidificador.

PÃEZINHOS DE MAÇA

Ingredientes:

Desmanche 2 tabletes de fermento de pão em 1 xícara (chá) de água morna. Junte 1 xícara (chá) de açúcar, 1 colher (café) de sal, 3 colheres (sopa) de banha, 1 colher (sopa) de manteiga, 2 ovos. Misture bem, acrescente aos poucos 750gr de farinha de trigo, amasse até levantar bolhas. Deixe descansar por 1 hora. Abra a massa com o rolo, espessura de ½ cm. Unte a superfície com 3 colheres (sopa) de manteiga derretida, cubra com fatias finas de 2 maças descascadas e 100gr de uvas passas sem sementes. Corte com a boca de um copo e enrole os pãezinhos deixe crescer por 1 hora. Leve ao forno quente. Logo que os pãezinhos estejam assados, ainda quentes, cubra-os com o seguinte glace. Desmanche em banho-maria 2 colheres (sopa) de açúcar e 4 colheres (sopa) de leite.

PÃO DE BISPO

Ingredientes:

4 claras, 4 colheres(sopa) de farinha de trigo, 4 colheres (sopa) de açúcar, 50gr de manteiga derretida e fria, 400gr de chocolate amargo picado, 100gr de castanha de caju ou nozes, 100gr de uvas passas sem semente, raspas da casca de 1 limão.

Misturar todos os Ingredientes levar para assar em forma untada e enfarinhada por 30 min.

PÃO DE MEL

Ingredientes:

Importante- não pode ser batido na batedeira. Seguir a ordem dos Ingredientes.

1 xícara (chá) de mel, 1 xícara (chá) de açúcar , 1 xícara (chá) de chá feito com cravo e canela forte, 1 xícara (chá) de açúcar mascavo, 3 colheres (sopa) de chocolate em pó peneirado, 3 ½ xícaras (chá) de farinha de trigo peneirada, 1 colher (chá) de canela em pó, 1 colher (café) de cravo em pó, 1 colher (café) de gengibre em pó, 1 colher (chá) de cardamomo, 1 pitada de sal, noz moscada ralada, 1 xícara (chá) de leite frio, com 1 colher (sopa) de bicabornato.

Misturar todos os Ingredientes.

Assar em forma grande e baixa, depois de assado deixar o bolo descansar por 24 horas para depois cortar.

Banhar com chocolate ao leite derretido em banho-maria.

PAVÊ DIFERENTE

Ingredientes:

1º creme - Bater no liquidificador: l lata de leite condensado, 2 latas de leite de vaca, 3 gemas, 3 colheres (sopa) de amido de milho. Levar ao fogo até engrossar mexendo sempre, perfumar com essência de baunilha. Colocar num pirex e deixar esfiar.

2º creme – Bater no liquidificador 1 pacote de bolachas maisena, 1 lata de leite de vaca (medida da lata de leite condensado), 2 colheres (sopa) de chocolate em pó. Despeje sobre o outro creme no pirex.

3º creme – Bater 3 claras em neve, juntar 2 colheres (sopa) de açúcar batendo sempre e juntar 1 lata de creme de leite sem soro. Colocar sobre os 2 cremes. Levar ao congelador e tirar para a geladeira meia hora antes de servir.

PUDIM CURAU

Ingredientes:

2 latas de milho verde lavadas e escorridas, 1 l. de leite, 1 pitada de sal, 1 colher (sopa) de manteiga, 1 xícara (chá) de açúcar, ½ xícara (chá) de amido de milho, canela em pó para polvilhar.

No copo do liquidificador, colocar parte do leite e o milho. Bata. Passe pela peneira, apertando com uma colher. Coloque novamente no liquidificador e adicione o restante do leite, o sal, o açúcar, a manteiga e o amido.

Bata para se agregarem. Despeje em uma panela e leve ao fogo. Cozinhe por aproximadamente 25 minutos, mexendo sem parar. Coloque em uma forma de vidro, untada com um pouco de óleo. Depois de fria, desenforme e polvilhe com canela.

PUDIM DE LEITE CONDENSADO

Ingredientes:

1 lata de leite condensado, 2 medidas iguais de leite, 3 ovos, 1 colher (sopa) de amido de milho. Bater no liquidificador colocar em forma caramelada e cozinhar em banho-maria.

PUDIM DE LEITE DE COCO

Ingredientes:

1 lata de leite condensado, 2 latas de leite, 1 vidro de leite de coco, 1 pacote de maria-mole.

Bater os Ingredientes no liquidificador, levar ao fogo uma panela com um pouco de leite e dissolver o pacote de maria-mole. Levar junto no liquidificador de novo e bater. Caramelar a forma de pudim colocar o pudim e levar ao congelador durante 2 horas, depois retirar e conservar na geladeira.

PUDIM DE MARIA-MOLE

Ingredientes:

1 lata de leite condensado, 1 lata de creme de leite, 1 lata de leite comum, 1 pacote de maria-mole.

Dissolver em água quente a maria-mole conforme as instruções. Bater tudo no liquidificador. Colocar em forma de pudim caramelizada e levar para gelar.

QUEIJADINHAS DE LIMÃO

Ingredientes:

4 copos de farinha de trigo, 2 copos de açúcar, 1 pacote de pudim de limão (106gr.) instantâneo, 6 ovos, 280gr. de manteiga, 1 colher (sopa) de fermento em pó, 1 ½ copo de leite.

Bater bem o açúcar com os ovos, acrescentar a manteiga em temperatura ambiente, juntar todos os outros Ingredientes bater até fazer bolhas. Colocar em formas de papel e levar para assar. Forno 180°.

QUINDÃO

Ingredientes:

5 ovos, 4 gemas, 1 colher (sopa) de manteiga, 3 xícaras (chá) de açúcar, 1 coco ralado, manteiga para untar a forma, açúcar para polvilhar.

Na vasilha da batedeira, coloque o açúcar a manteiga os ovos e as gemas. Bata para se agregarem. Junte o coco ralado e bata novamente. Coloque em assadeira redonda de buraco no centro, unte com manteiga e polvilhe com açúcar. Leve ao forno pré-aquecido a 250° por 45 minutos. Desenforme quente.

RABANADA

Ingredientes:

2 pães para rabanadas cortados em fatias de 2 dedos. Misturar numa vasilha 1 lata de leite condensado com ½ litro de leite. Bater 3 ovos. Passar as fatias de pão na mistura do leite e depois no ovo e deixar descansar por 4 horas em uma assadeira. Depois de descansar fritar em bastante óleo e deixar sobre o papel toalha, depois passar no açúcar com canela.

ROCAMBOLE

Ingredientes:

6 ovos, 6 colheres (sopa) de açúcar, 6 colheres (sopa) de farinha de trigo.

Bata as claras em neve, junte as gemas uma a uma, depois o açúcar aos poucos, em seguida desligue a batedeira e junte a farinha suavemente, apenas para misturar. Asse durante 8 a 10 minutos em forno quente, em assadeira forrada de papel manteiga e untada com manteiga (não asse demais para não ficar quebradiço). Vire sobre um guardanapo molhado polvilhado com açúcar. Recheie a gosto. Depois enrole com a ajuda do guardanapo.

ROSCA FOFINHA (TRANÇA)

Ingredientes:

Bater no liquidificado: 1 lata de leite condensado, 2 tabletes de fermento para pão, ½ lata (medida da lata de leite condensado) de óleo, 4 ovos, 1 lata de água morna (medida da lata de leite condensado).

Depois de bem batido colocar em uma vasilha e ir juntando 1k de farinha de trigo, misturar bem até desprender das mãos. Sovar por 10 min.

Fazer as tranças e deixar descansar por 1 ½ hora.

Pincelar a massa com gema de ovo e polvilhar com açúcar cristal. Levar para assar durante meia hora. Dá 2 tranças.

SOPA INGLESA

Ingredientes:

1º creme – 1 ovo bem batido, 6 colheres (sopa) de açúcar, 1 ½ copo de leite, 2 colheres (sopa) de amido de milho, 1 colher (sopa) de farinha de trigo, 2 colheres (sopa) de chocolate em pó. Misturar tudo e levar ao fogo brando até engrossar.

2º creme – 2 ovos bem batidos, 1 colher (sopa) de manteiga, 6 colheres (sopa) de açúcar, 2 colheres (sopa) de amido de milho, 1 ½ copo de leite. 1 colher (sopa) de farinha de trigo. Misturar tudo e levar ao fogo brando até engrossar.

Depois de terminados os 2 cremes, passamos um refratário em água e colocamos o creme branco. Por cima uma camada de bolacha champanhe embebida em vermouth por cima o creme de chocolate. Leve à geladeira.

SORVETE DELÍCIA

Ingredientes:

1 lata de leite condensado, 2 latas de leite de vaca, 1 lata de creme de leite sem soro, 4 ovos (claras separadas), 4 colheres (sopa) de Nescau com 9 colheres (sopa) de água fria.

Bater no liquidificador o leite condensado, o leite de vaca e as gemas. Dê uma fervura leve, retire do fogo e deixe esfriar.

Bata as claras em neve com 6 colheres (sopa) de açúcar, misture o creme de leite sem soro e misture no creme que já deve estar frio.

Queime 4 colheres(sopa) de açúcar como para pudim e forre uma forma de pudim. Pegue o Nescau e a água, misture e coloque dentro da forma. Deixe no frízer por 20 minutos.

Coloque o creme dentro da forma. Levar ao frízer até o dia seguinte.

Quando for servir passe a forma em uma chama, para derreter a calda e vire numa forma ou travessa.

SPUMONI

Ingredientes:

1º creme: 1 lata de leite condensado, 1 lata de leite, 4 gemas, 1 colher (chá) de amido de milho. Levar ao fogo até ferver.

Por metade do creme no fundo de um refratário. Cobrir com bolacha champanhe umedecidas.

2º creme: 2 copos de leite, 6 colheres (sopa) de chocolate em pó, 4 colheres (sopa) de açúcar, 2 colheres (chá) de amido de milho. Levar ao fogo até ferver, umedecer os biscoitos com esse creme.

Repetir as camadas. Por último cobrir com o 3º creme.

3º creme: bater 4 claras em neve e juntar 4 colheres (sopa) de açúcar aos poucos. Acrescentar a esse suspiro 1 lata de creme de leite (sem soro). Bater até ficar no ponto desejado.

TORTA DE BANANA

Ingredientes:

Massa - 16 bananas nanicas cortadas em fatias, 14 colheres (sopa) de farinha de trigo, 14 colheres (sopa) de açúcar, 2 colheres (sopa) de fermento em pó.

Misturar todos os Ingredientes secos.

Modo de fazer:

Untar uma forma média. Colocar 1 camada de bananas, metade da massa, polvilhar canela em pó e umas gotas de limão. Repetir as camadas.

Por cima colocar pedaços de manteiga.

A parte bater 2 ovos com 2 copos de leite. Jogar sobre a torta e levar ao forno por 40 minutos.

TORTA DE CASTANHA DO PARÁ

Ingredientes:

Massa - 6 ovos, 2xícaras(chá) de castanha do para moída, 2 xícaras (chá) de açúcar, 2 colheres (sopa) de farinha de rosca, 2 colheres (sopa) de farinha de trigo, 1 colher (chá) de fermento em pó.

Bater as claras em neve, misturar as gemas (uma a uma) e o açúcar. Desligar a batedeira e misturar os demais Ingredientes.

Recheio - Ovos moles - 250gr de açúcar, 2 xícaras(chá) de água, casca de limão e 12 gemas.

Levar ao fogo a água e açúcar até formar uma calda fina. Coloque a casca de limão. Espere esfriar um pouco. Peneirar as gemas e leve ao fogo novamente.

Cobertura - Marshmallow – 2 claras em neve.

Calda – 2 xícaras (chá) de açúcar, 1xícara (chá) de água. Levar ao fogo em ponto de fio. Deixe as claras batendo bem firme e aos poucos colocando a calda quente. Bater até esfriar completamente. Enfeite o bolo com castanhas do pará moída.

TORTA DE CHOCOLATE

Ingredientes:

Massa - 200gr. de bolacha Maria moídas no liquidificador (reserve)
Massa: Bater no liquidificador 200gr de manteiga, 4 ovos, 1 lata de leite condensado, 1 ½ copo de chocolate em pó.

Colocar em um recipiente e juntar passas sem caroço, nozes e a farinha da bolacha, misturar bem e levar para assar em um refratário.

Cobertura - 1 tablete de chocolate meio amargo derretido em banho-maria e juntar 1 lata de creme de leite com soro, misturar bem e jogar por cima da torta.

TORTA DE LIMÃO

Ingredientes:

Massa - 2 gemas, 2 colheres (sopa) de amido de milho, 2 colheres (sopa) de margarina, 2 colheres de (chá) de açúcar, 1 colher (chá) de fermento em pó, 1 colher (café) de sal, farinha o quanto baste.

Recheio - 1 lata de leite condensado, ¼ xícara (chá) de suco de limão.

Cobertura – 2 claras em neve, 2 colheres (sopa) de açúcar batidas como suspiro.

Junte todos os Ingredientes da massa e vá pondo farinha até a massa ficar consistente. Depois de a massa pronta, estenda-a todinha numa assadeira e fure o fundo dela com um garfo, para que não estufe. Cuidado com o forno, que ela assa rápido.

Bata o leite condensado e vá juntando o caldo de limão, para incorporá-lo bem. Coloque o creme obtido sobre a massa já assada e coloque sobre o creme a cobertura.

Leve ao forno para corar levemente.

TORTA DE NOZES

Ingredientes:

Massa - Bater 6 claras em neve, juntar as 6 gemas bater bastante juntar 100 gr. de açúcar continuar batendo, vai juntando aos poucos 4 colheres (sopa) de farinha, 2 colheres (sopa) de amido de milho, 1 ½ colher (sopa) de chocolate em pó e 1 colher (sopa) de fermento em pó.

Levar para assar em forma untada.

Recheio - 600 gr. de doce de leite, 200gr. de creme de leite (sem soro), 300gr. de nozes picadas. Misturar todos os Ingredientes.

Calda - ½ litro de água, 6 cravos da índia, 3 paus de canela, casca de uma laranja. Ferver, depois de frio acrescentar, rum, conhaque ou licor de laranja. Deixar esfriar.

1º Cobertura Bater ½ litro de creme de leite em chantilly.

2º Cobertura 1 barra de chocolate meio amargo derretido em banho-maria. Acrescentar 1 lata de creme de leite com soro.

Cortar o bolo ao meio. Regar com a calda e colocar o recheio. Colocar a outra parte do bolo, regar com a calda. Cobrir com o chantilly e por último jogar a cobertura de chocolate. Enfeitar com nozes.

TORTA VIENENSE

Ingredientes:

Massa - 1 ½ pacote de biscoitos maria moídos no liquidificador. 200gr de manteiga.

Misturar o biscoito com a manteiga, formando uma massa uniforme.

Forrar um refratário médio com a massa e levar ao forno por 10 minutos.

Recheio – 1 lata de leite condensado, 4 colheres (sopa) de chocolate em pó, 1 lata de creme de leite, 2 gemas, 1 cálice de rum.

Levar tudo ao fogo brando até engrossar.

Despejar sobre a massa já assada e levar a geladeira por 4 horas.

ZEPPOLE DE SAN GIUSEPPE

Ingredientes:

1 xícara (chá) de água, 5 xícaras (chá) de farinha de trigo, 1 xícara (chá) de açúcar, 5 colheres (sopa) de manteiga, 1 colher (sopa) de fermento em pó, 2 ovos, Raspa da casca de um limão.

Misture todos os Ingredientes, fazer rosquinhas e fritar.

Polvilhar com açúcar e canela misturadas antes.

DRINKS

BATIDA DE COCO

Ingredientes:

- 1 Lata de leite condensado
- 350 ml de vodca
- 350 ml de leite de coco
- 350 ml de água

Modo de preparo:

Coloque no liquidificador todos os ingredientes. Use a lata de leite de condensado para medir a vodca, leite de coco e a água. Bata bem até todos os ingredientes estarem homogêneos.

Deixe na geladeira por 24hs antes de servir, mexendo de vez em quando.

Caso queira, antes de servir misture com coco ralado a gosto.

BATIDA DE LIMÃO COM LEITE CONDENSADO

Ingredientes:

- 4 limões descascados e picados
- 1 caixa de leite condensado
- 500ml de cachaça
- 150ml de água
- Gelo a gosto.

Modo de preparo:

Coloque todos os ingredientes no liquidificador e bata por uns 2 minutos.

Sirva com gelo (servir coado).

Observação: A receita é indicada com vodca ou cachaça, porem pode ser substituída por saque, rum ou outra bebida de sua preferência.

CAIPIRINHA DE ABACAXI

Ingredientes:

- 100ml de vodca
- 1 abacaxi
- Açúcar a gosto
- 2 folhas de hortelã
- Gelo

Modo de Preparo:

Picar o abacaxi em pequenos pedaços e colocar na coqueteleira. Amassar bem.

Adicione os outros ingredientes, coloque o açúcar a gosto e agite bem. Sirva com gelo.

Observação: A receita é indicada com vodca ou cachaça, porem pode ser substituída por saque, rum ou outra bebida de sua preferência.

CAIPIRINHA DE LIMÃO

Ingredientes:

- 1 limão Tahiti lavado
- 50ml de cachaça
- 50ml de água
- 2 colhes (sopa) de açúcar
- Gelo a gosto.

Modo de preparo:

Corte o limão de ponta a ponta, remova a parte branca do meio e corte cada metade em 4 partes.

Esprema o limão em uma coqueteleira.

Acrescente o açúcar, a cachaça, a água e um pouco de gelo e agite bem.

Coloque em um copo coando, acrescente os cubos de gelo e mexa levemente.

Observação: A receita é indicada com vodca ou cachaça, porem pode ser substituída por saque, rum ou outra bebida de sua preferência.

CAIPIRINHA DE LIMÃO COM MARACUJÁ

Ingredientes:

- 1 limão lavado
- 1 maracujá médio
- 100ml de cachaça
- 2 colhes (sopa) de açúcar
- Gelo a gosto.

Modo de preparo:

Corte o limão de ponta a ponta, remova a parte branca do meio e corte cada metade em 4 partes. Esprema o limão em uma coqueteleira com o açúcar.

Acrescente o maracujá, a cachaça e um pouco de gelo e agite bem.

Coloque em um copo coando, acrescente os cubos de gelo e mexa levemente.

Observação: A receita é indicada com vodca ou cachaça, porem pode ser substituída por saque, rum ou outra bebida de sua preferência.

CAIPIRINHA DE MARACUJÁ

Ingredientes:

- 1 maracujá
- 50ml de cachaça ou vodca ou saque
- 2 colhes (sopa) de açúcar
- Gelo a gosto.

Modo de preparo:

Em uma coqueteleira acrescente a polpa do maracujá, o açúcar, a bebida e um pouco de gelo.

Agite bem e coloque em copo (caso prefira peneire as sementes).

Acrescente gelo.

Observação: A receita é indicada com vodca ou cachaça, porem pode ser substituída por saque, rum ou outra bebida de sua preferência.

CAIPIRINHA DE MORANGO

Ingredientes:

- 50ml de vodca
- 1 limão
- 5 morangos
- 2 colheres de açúcar
- 2 folhas de hortelã
- Gelo

Modo de Preparo:

Picar os morangos e colocar na coqueteleira com o açúcar. Esprema bem.

Adicione os outros ingredientes e agite bem. Sirva com gelo.

Observação: A receita é indicada com vodca ou cachaça, porem pode ser substituída por saque, rum ou outra bebida de sua preferência.

CAIPIRINHA DE KIWI

Ingredientes:

- 60ml de vodca
- 1 kiwi descascado em pedaços
- 2 colheres de açúcar
- Gelo

Modo de Preparo:

Colocar o kiwi e o açúcar numa coqueteleira e amassar bem.

Adicione os outros ingredientes e agite bem. Sirva com gelo.

Observação: A receita é indicada com vodca ou cachaça, porem pode ser substituída por saque, rum ou outra bebida de sua preferência.

COSMOPOLITAN

Ingredientes:

- 50ml de vodca
- 40ml de suco de cranberrye
- 10ml de suco de limão
- Licor de laranja
- 1/8 de um limão ou laranja (twist)

Modo de Preparo:

Em uma coqueteleira misture todos os ingredientes e gelo. Misture bem.

Sirva em uma taça de martini gelada.

CUBA LIBRE

Ingredientes:

- 50 ml de rum
- 1 rodela de limão
- 350ml de Coca-Cola
- Gelo a gosto

Modo de preparo:

Em um copo alto coloque a coca cola e o rum.

Coloque gelo a gosto e decore com a rodela de limão.

DRY MARTINI

Ingredientes:

- 90ml de gin
- 3 gotas de vermute
- 1/8 de limão (twist de limão)
- Azeitona para decorar
- Gelo a gosto

Modo de Preparo:

Preferencialmente utilize uma taça de martini gelada. Na coqueteleira misture o gin, o vermute e o gelo. Acrescente o limão e agite.

Coloque a bebida no copo após coar e decore com a azeitona em um palito.

ESPANHOLA

Ingredientes:

- ½ garrafa de vinho tinto suave
- ½ abacaxi sem miolo
- ½ lata de leite condensado
- Gelo

Modo de Preparo:

Coloque todos os ingredientes no liquidificador e bata por uns 2 minutos.

Sirva com gelo (servir coado).

LICOR DE CHOCOLATE

Ingredientes:

- 100gr de chocolate meio amargo picado
- 45gr de chocolate 50%
- 1 lata de leite condensado
- 3 xicaras de água
- 200ml de cachaça ou vodca
- ½ xicara de açúcar

Modo de Preparo:

Aqueça a água numa panela em fogo médio. Assim que começar a ferver, acrescente o chocolate picado e o açúcar. Mexa até que o chocolate dissolva totalmente.

Passe a mistura para um liquidificador, bata e acrescente o leite condensado. Bata por mais 1 minuto. Coloque o chocolate em pó e bata até misturar por completo.

Espere esfriar. Servir gelado.

MARGARITA

Ingredientes:

- 75 ml de tequila
- Suco de ½ limão
- 55 ml de licor de laranja
- 1 colher de sopa de açúcar
- Gelo a gosto

Modo de preparo:

Numa coqueteleira misture todos os ingredientes até ficar gelada.

Molhe a borda da taça na água e depois no sal.

Despeje a mistura na taça sem molhar as bordas.

MOSCOW MULE

Ingredientes:

- 50ml de vodca
- ½ limão
- 100 ml de água com gás
- 3 colheres de xarope de gengibre
- Espuma de gengibre
- ½ colher de chá de açúcar
- gelo

Modo de Preparo:

Em uma canela misture a vodca, o suco do limão, o açúcar e o xarope de gengibre. Coloque gelo a gosto e complete com água com gás.

Cubra com espuma de gengibre e raspas de limão.

NEGRONI

Ingredientes:

- 30ml de gin
- 30ml de Campari
- 30ml de vermute
- 1 fatia de laranja
- Gelo a gosto

Modo de Preparo:

Em um copo alto, acrescentar o gin, o vermute e o Campari.

Colocar gelo a gosto e enfeitar com a fatia de laranja.

SANGRIA

Ingredientes:

- 1 garrafa de vinho tinto
- 1/3 da garrafa de vinho de água
- Açúcar a gosto
- Frutas picadas da sua preferência: pera, maçã, abacaxi, pêssego, morango
- 200ml de suco de laranja.

Modo de preparo:

Misturar todos os ingredientes numa jarra.

Colocar gelo a gosto.

SEX ON THE BEACH

Ingredientes:

- 50 ml de vodca
- 50 ml de suco de laranja
- 25 ml de licor de pêssego
- Gelo a gosto
- 7 gotas de groselha

Modo de preparo:

Em uma coqueteleira coloque a vodca, o suco de laranja, o licor de pêssego e o gelo.

Em um copo algo, coloque metade da groselha e coloque o liquido da coqueteleira.

Finalize colocando o restante da groselha e decore com uma fatia de laranja ou uma cereja.

Made in the USA
Columbia, SC
28 October 2024

3cc59d85-d51d-4dff-ab5d-c886dd9c59c2R01